DEUTSCHE KUNSTDENKMÄLER
EIN BILDHANDBUCH

DEUTSCHE KUNSTDENKMÄLER

EIN BILDHANDBUCH

BERLIN BRANDENBURG

Ausgewählt und erläutert von Joachim Fait und Reinhardt Hootz
Aufnahmen von Klaus G. und Constantin Beyer

EDITION LEIPZIG

Die Deutsche Bibliothek – CIP-Einheitsaufnahme

Deutsche Kunstdenkmäler : ein Bildhandbuch. –
Leipzig : Ed. Leipzig. Teilw. u. d. T.:
Kunstdenkmäler in der DDR
NE: Kunstdenkmäler in der DDR
Berlin – Brandenburg / ausgewählt und erl.
von Joachim Fait und Reinhardt Hootz.
Aufnahmen von Klaus G. Beyer und Constantin
Beyer. – 4., überarb. Aufl. – 1992
ISBN 3-361-00376-8
NE: Fait, Joachim; Beyer, Klaus G.

4., überarbeitete Auflage 1992
Satz: INTERDRUCK Leipzig GmbH
Reproduktion: Reprocolor Leipzig GmbH
Druck und buchbinderische Verarbeitung:
Offizin Andersen Nexö Leipzig GmbH
Printed in Germany
ISBN 3-361-00376-8

INHALT

VORWORT

Mit der Reihe »Deutsche Kunstdenkmäler – Ein Bildhandbuch« wird ein Korpus der wichtigsten Kunstdenkmäler im Bild geschaffen, das Fachmann und Kunstfreund einen Eindruck von den Werken der Kunst in den einzelnen deutschen Gebieten vermitteln soll. Das Handbuch will freilich keine Kunstgeschichte der Landschaft bringen, sondern vielmehr ein unter wissenschaftlichen und fotografisch-künstlerischen Gesichtspunkten ausgewähltes Bildmaterial zu einem handlichen Nachschlagewerk zusammenfügen; es bietet zugleich das reichste Anschauungsmaterial, das heute greifbar und doch praktikabel ist.

Eine Einleitung mit einem kurzen Abriß der historischen und kunsthistorischen Entwicklung ist jeweils vorangestellt; ein Anhang bringt knappe, auf das Wesentliche beschränkte Angaben zu den abgebildeten Werken, ferner eine chronologische Übersicht der Denkmäler und ein Verzeichnis der genannten Künstler. Karten am Schluß des Buches zeigen die Lage der behandelnden Orte bzw. der Denkmäler. Die in Museen gelangten Kunstwerke bleiben in der Regel außer Betracht.

Größter Wert wurde auf leichte und sinnvolle Handhabung des Buches gelegt. So sind auch die abgebildeten Denkmäler – die Erläuterungen dafür finden sich im Anhang – in alphabetischer Folge unter dem zugehörigen heutigen Ortsnamen eingeordnet.

In diesem Band ist ausnahmsweise Berlin als Verwaltungseinheit geschlossen den Objekten im Land Brandenburg vorangestellt. Die Denkmäler innerhalb Berlins sind weitgehend chronologisch gegliedert. Am Schluß des Bandes befindet sich ein Verzeichnis, das die Zuordnung der einzelnen Denkmäler zu den Stadtbezirken innerhalb Berlins erlaubt.

Um ein schnelles Auffinden zu ermöglichen, ist stets außen neben die Bildunterschrift der Anfangsbuchstabe des betreffenden Ortes gesetzt. Die zum Teil durch Grundrisse ergänzten Erläuterungen zu den Abbildungen enthalten die wichtigsten historischen und technischen Angaben über die Kunstwerke. Bei sakralen Bauten erscheint nur dort ein Hinweis über Besitz oder Nutzung der Kirche durch eine bestimmte Religionsgemeinschaft, wo es sich nicht um evangelische Kirchen handelt. Die jeweils am Anfang der Erläuterungen in [ ] gesetzten Zahlen geben die Seitenzahlen der entsprechenden Abbildungen an. Die am Schluß eines jeden Artikels in [ ] gesetzte Bezeichnung verweist auf die Lage der Orte bzw. Objekte in den Quadratnetzen der Karten. In der Berlin-Karte erscheinen die Objekte unter ihren Abbildungsnummern. Innerhalb des Textes **kursiv* gesetzt sind die außer Gesamtansichten abgebildeten Bauteile oder Ausstattungsstücke.

Der Band »Berlin · Brandenburg« behandelt die ehemals getrennten, seit 1990 wieder vereinigten Teile Berlins und das nach Aufhebung der Bezirke Potsdam, Frankfurt/Oder und Cottbus wiedererstandene Land Brandenburg westlich von Oder und Neiße, dem im Norden nun auch wieder die märkischen Kreise Perleberg, Templin und Prenzlau angehören, während im ehemaligen Bezirk Cottbus die Kreise Hoyerswerda und Weißwasser an den Freistaat Sachsen und der Kreis Jessen an das Land Sachsen-Anhalt angegliedert worden sind.

Besonderen Dank schulden wir den Fotografen *Klaus G. Beyer* und *Constantin Beyer*, die den Großteil der Aufnahmen eigens für diesen Band anfertigten. Die Texte und die Bildzusammenstellung für Brandenburg und den Ostteil Berlins stammen von Joachim Fait, der Westteil Berlins wurde von Reinhardt Hootz erarbeitet.

Joachim Fait
Reinhardt Hootz

EINLEITUNG

Zur Territorialgeschichte

Die Landschaft Brandenburg ist ein Teil der norddeutschen Tiefebene. In den von Flüssen durchquerten Urstromtälern hat die Natur verschiedene Landstriche entstehen lassen, die noch ihre alten Namen tragen, wie Prignitz, Rhinluch, Uckermark, Havelland, Barnim, Zauche, Teltow, Lebus und Niederlausitz. Brandenburgs Grenzen sind nach Norden der baltische Landrücken, nach Westen die Elbe und Havel, nach Süden der Fläming und die Lausitzer Höhen und nach Osten – seit 1945 – die Oder und Neiße. Zwischen den beiden großen Uferstädten – Magdeburg an der Elbe und Frankfurt an der Oder – zeichnet sich das Land als eine Brücke zwischen West und Ost ab. Ebenso bilden die schiffbaren Wasserstraßen von Elbe und Oder die naturgegebene Verbindung zwischen Nord und Süd. Dieser geographischen Lage verdankt Brandenburg seine Bedeutung als ein Land der Begegnung, der Auseinandersetzung, des Durchzugs und des Austausches. Symptomatisch für seine Vermittlerrolle ist das Heranwachsen von Berlin fast genau im Schnittpunkt der Nord-Süd- und der West-Ost-Achse.

In den ersten Jahrhunderten n. Chr. war Brandenburg von den swebischen Semnonen bewohnt. Als sie in der Völkerwanderungszeit das Land verließen, rückten westslawische Stämme nach, im Norden die Obotriten, im brandenburgischen Kernland die Wilzen oder Lutizen, zu denen auch die Heveller zählten, und im Süden die Sorben, die ihre Sprache und Sitte bis heute bewahrt haben. Ortsnamen wie Wendenschloß oder Wendisch-Rietz erinnern noch an ihren slawischen Ursprung. Die Siedlungsform war vielfach der Rundling oder das kurze, unregelmäßig bebaute Straßendorf.

Die Zeit von etwa 800 bis 1150 ist für dieses Gebiet durch die Ostexpansion des aufstrebenden deutschen Feudalstaates gekennzeichnet. Den Anfang machte Kaiser Karl der Große mit den Eroberungsfeldzügen von 789 und 812 gegen die Wilzen. Sieben Jahre lang führte König Heinrich I. Krieg gegen die Wenden. Im Winter 928/29 überfiel er Brenabor, den befestigten Sitz des Hevellerfürsten Tugumir, eben jenen Ort, der wegen seiner strategisch bedeutenden Lage auch später im Mittelpunkt der Kämpfe stand und dessen Name auf die ganze Landschaft übertragen wurde. Erst Kaiser Otto I. bezog die Kirche in seine Expansionspolitik ein, er gründete 948 die beiden Bistümer Brandenburg und Havelberg. In dem Aufstand von 983 befreiten sich die Wenden für anderthalb Jahrhunderte von der Vorherrschaft des deutschen Feudaladels. Die Bischöfe zogen sich nach Magdeburg zurück, das 968 zum Sitz eines Erzbischofs erhoben worden war. Das Interesse an den Gebieten ostwärts der Elbe erwachte wieder zu Anfang des 12. Jahrhunderts, nunmehr aber vorangetrieben von Territorialfürsten, die auf Kosten der Zentralgewalt den eigenen Machtbereich zu erweitern suchten. Der Sachsenherzog Lothar von Supplinburg übertrug, nachdem er zum Kaiser gekrönt worden war, seine Expansionsbestrebungen auf Albrecht den Bären, Grafen von Ballenstedt, indem er ihn 1134 mit der Nordmark (Altmark) belehnte.

Mit Albrecht begann die zweite und entscheidende Phase der deutschen Ostexpansion. Seiner Politik kam zustatten, daß sich im westslawischen Siedlungsgebiet keine Zentralgewalt konsolidiert hatte, daß das Land auch von anderen Feudalen bedrängt wurde und daß selbst Wendenfürsten, wie z. B. Wirikind in Havelberg und Pribislaw in Brandenburg, durch frühzeitigen Übertritt zum Christentum und Anlehnung an deutsche Fürsten ihren eigenen Herrschaftsanspruch zu festigen suchten. Durch die schrittweise Besetzung der Zauche, des Havellandes und der Burg Brandenburg wurde Albrecht zum Begründer des brandenburgischen Landesfürstentums. Im wesentlichen sind es drei Faktoren, die die Entwicklung von 1157 an bestimmten: die Ansiedlung von Bauern, Handwerkern und Kaufleuten vom Rhein, aus Franken, Friesland, Flandern und Westfalen, dann die gleichzeitig betriebene Christianisierung, und zum dritten die Stadtgründungen. Durch die Privilegierung der deutschen Zuwanderer wurde die slawische Bevölkerung in wirtschaftlich und sozial ungünstige Positionen abgedrängt und verlor zunehmend ihre ethnische und kulturelle Selbständigkeit.

Der Ausbau der Territorialmacht unter den Askaniern Johann I. und Otto III. führte zu weiteren Annexionen, die nicht ohne Konflikte mit den Nachbarn im Norden und Süden abgingen. Um 1250 umfaßte die Mark außer den von Albrecht in Besitz genommenen Landschaften den Teltow, den Barnim, Ruppin mit den Ländern

Gransee und Löwenberg, die Prignitz, Uckermark und Oberlausitz. Sie griff auch in die zwischen Pommern und Polen streitige Neumark über. Nach dem Aussterben der märkischen Askanier 1320 verfiel das Land dem Niedergang. Es wurde Bestandteil der Hausmacht zunächst der Wittelsbacher (1323–1373), dann der Luxemburger (1373–1411/15). Die neuen Herrscher sahen in der Mark nur ein Nebenland. Randgebiete wie die Lausitz, die Neumark und Teile der Uckermark gingen verloren. Auch daß der Markgraf von Brandenburg 1356 durch Reichsgesetz (Goldene Bulle) die Kurwürde erhielt, veränderte die Verhältnisse in der Mark nicht. Auf dem Lande herrschte das Faustrecht des Raubrittertums, dessen typische Vertreter um 1400 die Quitzows waren. Sie konnten durch den 1415 mit der Mark belehnten Burggrafen Friedrich von Hohenzollern niedergeworfen werden. Aber die vollständige Wiederherstellung der Feudalmacht gelang erst Friedrich II., Kurfürst von Brandenburg, der die städtische Autonomie zerbrach, z. B. 1448 in Berlin, und die Rechte der Kirche beschnitt.

Seit den Stadtgründungen im 13. Jahrhundert entwickelte sich in Auseinandersetzung mit der landesherrlichen Gewalt das Bürgertum als progressive Kraft. Grundlage der städtischen Wirtschaft waren Handwerk und Handel. Zur besseren Organisation der Handelsbeziehungen und zum Schutz des Warenverkehrs formierte sich der Märkische Städtebund als ein Glied der Hanse. Frankfurt/Oder erlangte als Lager- und Umschlagplatz hervorragende Bedeutung. Berlin begann die ältere und wohlhabendere Stadt Brandenburg zu überflügeln. Wissenschaft und Bildung – bisher ausschließlich ein Monopol der Kirche – gingen zunehmend auf das Bürgertum über. Märker studierten in Polen, Italien und Frankreich. Bis 1500 gab es in Leipzig fünfzehn märkische Rektoren. 1505 gründete Joachim I. die erste brandenburgische Universität in Frankfurt/Oder.

In der Mark erfolgte der Abfall von der römischen Kirche durch die Einführung der Reformation 1539. Freilich nutzte Joachim II. diesen Akt sogleich zur Stärkung der eigenen Souveränität; durch die Konstitutierung der lutherischen Landeskirche wurden die Untertanen nunmehr auch konfessionell der feudalen Botmäßigkeit unterworfen. Der Dreißigjährige Krieg traf auf ein zutiefst zerrissenes Deutschland. Ob schwedische oder kaiserliche Söldnerheere, ob Freunde oder Feinde – bei ihren Durchzügen verwüsteten beide auf gleiche Weise die Mark, die, nach einem sarkastischen Wortspiel der Zeit, »vermarketenderiert« werden sollte.

Unter der Herrschaft des Kurfürsten Friedrich Wilhelm begann der Ausbau Brandenburg-Preußens zu einem absolutistischen Staat, der schon 1614 und 1618 weit über das Kernland hinausgewachsen war. – Als wichtigstes Instrument zur Errichtung des Absolutismus schuf Friedrich Wilhelm ein stehendes Heer und die Beamtenschaft. Er nahm den Adel von der durchgängigen Besteuerung aus, der durch seinen Grundbesitz das ökonomische und politische Übergewicht auf dem Lande gewann und die Bauern in die Leibeigenschaft zwang. Die im Kriege gefährlich angewachsene Vormacht der Stände wurde in dem Landtagsrezeß von 1653 gebrochen. Zur wirtschaftlichen Wiederbelebung des durch die Kriegsverwüstungen geschwächten und entvölkerten Landes wurden Bauern aus Sachsen und Pommern, vom Niederrhein und aus Friesland und Holland angesiedelt. Auch der Zustrom von etwa 20000 französischen Hugenotten nach 1685 – meist waren es Handwerker und Kaufleute – war für den geistig-kulturellen Aufschwung, vor allem aber für die Bildung der Manufakturen von besonderem Wert. Unter Friedrich III. kamen Pfälzer in die Uckermark und Schweizer z. B. in die Ruppiner und Lehniner Gegend, später auch Böhmen nach Berlin.

Heer und Verwaltung bildeten die Grundlage des Königreiches Preußen, das 1701 in Königsberg, der Hauptstadt des nicht zum Reich gehörenden Herzogtums Preußen, ausgerufen worden war.

Die Entwicklung im 18. Jahrhundert konzentrierte sich auf den weiteren Ausbau des Heeres, das dem jungen Königreich den Weg zur europäischen Großmacht sichern sollte. Es blieb Friedrich II. (1740 bis 1786) vorbehalten, die Leistungsfähigkeit des Staates in mehreren Kriegen – den beiden Schlesischen und dem Siebenjährigen Krieg – auf die Probe zu stellen. Auch die Wirtschaft war zum Teil von kriegerischen Erwägungen diktiert oder diente, wie z. B. die Luxusmanufaktur und teilweise auch das Bauwesen, dem Repräsentationsbedürfnis des Hofes und des Adels. Durch die Kriege wurde Brandenburg erweitert, gelegentlich des Breslauer Friedens 1742 um die zuvor an die Krone Böhmens angegliederten Besitzungen Cottbus, Krossen, Peitz, Storkow, Beeskow, Teupitz und Zossen, im Hubertusburger Frieden von 1763 um Schwiebus und 1773 um Luckenwalde.

Die siebenjährige Herrschaft Napoleons setzte dem alten Preußen ein Ende. Im Oktober 1806 rückten französische Truppen in Berlin ein. Brandenburgische Randgebiete (Altmark, Cottbus, Peitz) mußten an Napoleons Verbündete abgetreten werden. Von entscheidender Bedeutung für die Zukunft wurden die inneren Reformen, die Agrarreform von 1807 und die Städteordnung von 1808 durch Heinrich Friedrich Karl, Reichsfreiherr vom und zum Stein, sowie die Heeresreform durch Gerhard Johann David von Scharnhorst.

Unter der französischen Besatzung rief Johann Gottlieb Fichte in Berlin 1808 in seinen »Reden an die deutsche Nation« zur Befreiung von dem fremden Joch auf, hier schrieb 1810 der Frankfurter Heinrich von Kleist sein patriotisches Schauspiel, den »Prinzen von Homburg«. Der Befreiungskrieg von 1813/14 hatte nach Jahrhunderten deutscher Geschichte zum ersten Male wieder einen vom Volk getragenen nationalen Charakter. Fichte wurde der erste Rektor der Universität Berlin, die 1810 im Zusammenhang mit der inneren Erneuerung gegründet wurde. Auch die Brüder Wilhelm und Alexander von Humboldt sowie Georg Friedrich Wilhelm Hegel lehrten hier.

Nach dem Wiener Kongreß 1815 wurde im Zuge der Neugliederung Preußens aus der *Mark* die *Provinz* Brandenburg, bestehend aus den Regierungsbezirken Potsdam und Frankfurt einschließlich einiger zuvor sächsischer Gebiete (Belzig, Jüterbog, Dahme, Baruth, Niederlausitz). Innerhalb Brandenburgs wurde Berlin immer mehr zum Brennpunkt des politischen Geschehens im 19. Jahrhundert. Für das äußerliche Wachstum der Stadt ist ihre sprunghaft ansteigende Einwohnerzahl am bezeichnendsten (1840 – 322 000, 1871 – 825 000, 1900 – 1 880 000). Beim Ausbau der Stadt zu einem Industriezentrum entwickelten sich unter den ökonomischen Bedingungen des wachsenden Kapitalismus Bürgertum und Arbeiterschaft neben dem Adel.

Die Errichtung einer demokratischen Republik – das Hauptziel der Revolution von 1848 – wurde durch parlamentarische und militärische Maßnahmen, letztlich auch durch das Paktieren eines Teiles des Bürgertums mit dem Adel vereitelt. So wurde aus der feudalen lediglich eine bürgerliche Monarchie. Die politische und wirtschaftliche Einigung Deutschlands wurde erst 1871 unter preußischer Führung erreicht.

Berlin blieb königliche Residenz, wurde zugleich aber auch die

Hauptstadt des neuen Kaiserreiches. Die Aufwertung der Stadt im nationalen Sinne absorbierte vollends die Bedeutung von Brandenburg. Die Provinz, immer noch agrarisch und ohne nennenswerte Industrie, stellte bei der allgemeinen Landflucht einen bedeutenden Anteil an Arbeitskräften für die Hauptstadt. Die Milliarden, die aus dem geschlagenen Frankreich hereinflossen, machten gerade das Berlin der Gründerzeit zum Zentrum der Industrie, der Börsen und Banken.

Die revolutionäre Entwicklung nach dem verlorenen ersten Weltkrieg fand am 9. November 1918 in Berlin ihren Höhepunkt. Die Monarchie wurde gestürzt und die bürgerlich-parlamentarische Republik errichtet. 1920 wurde Berlin endgültig aus dem Verband des Landes Brandenburg herausgelöst und verselbständigt. Unterstützt von Großbourgeoisie und Großgrundbesitzern, erlangte die Nazi-Partei 1933 die Macht. Die faschistische Diktatur führte 1939 in den zweiten Weltkrieg. Nachdem sowjetische Truppen die stark zerstörte Hauptstadt eingenommen hatten, erfolgte am 8. Mai 1945 in Berlin-Karlshorst die bedingungslose Kapitulation. Das Potsdamer Abkommen, vom 7. Juli bis 2. August 1945 in Schloß Cecilienhof ausgearbeitet, fixierte die völkerrechtlichen Grundlagen für den Aufbau einer demokratischen Ordnung in ganz Deutschland.

Berlin hatte bis 1948 einen gemeinsamen Senat. 1949 wurde der östliche Teil zur Hauptstadt der DDR, West-Berlin eine selbständige Verwaltungseinheit mit eigenem Senat. Die am 13. August 1961 um West-Berlin herum errichtete Mauer war ebenso wie die Teilung Deutschlands in zwei Staaten – die Bundesrepublik Deutschland und die Deutsche Demokratische Republik – das sichtbare Zeichen für die Konfrontation der Siegermächte des zweiten Weltkrieges, der Alliierten Großbritannien, Frankreich und USA auf der einen und der Sowjetunion auf der anderen Seite. Mit der Öffnung der Mauer am 9. November 1989 endete die Teilung der Stadt und begann zugleich der Verfall der DDR, die 1990 der Bundesrepublik Deutschland beitrat. In demselben Jahr entstand auch wieder das Land Brandenburg.

Die ältesten Siedlungsspuren reichen in jene weit entlegenen Zeiten zurück, als das weichende Gletschereis das Land wieder dem Leben zurückgab. Seitdem wurde das Gebiet im Wandel der Jahrtausende von verschiedenen Völkern und Stämmen bewohnt, die die Prähistorie entsprechend den Bodenfunden nach Kulturen ordnet. Außer den eigenen oder durch Handelsbeziehungen erworbenen Gebrauchsgegenständen, deren Verzierungen einen künstlerischen Sinn bekunden, sind monumentale Zeugnisse dieser Kulturen nicht nachgewiesen. Aus der slawischen Zeit, die bis in das 12. Jahrhundert dauerte, sind über dem Boden nur noch Reste von Siedlungen, vor allem die wendischen Burgwälle, erhalten. Sie wurden seit dem 9. Jahrhundert zur Verteidigung gegen die westlichen Eindringlinge angelegt. Es gab auch Kultstätten für slawische Gottheiten, z. B. für Triglaf auf dem Harlungerberg in Brandenburg/Havel. Sie sind aber nur noch durch Quellen belegt.

Frühestes Zeugnis vom Beginn der eigentlichen märkischen Kunst gibt ein Schriftstück, die 949 datierte Urkunde von der Gründung des Bischofssitzes in Brandenburg. Der ottonische Dom wurde beim Slawenaufstand von 983 zerstört. Erst die Kolonisation unter Albrecht dem Bären von der Mitte des 12. Jahrhunderts an schuf die Grundlage für den erneuten Beginn. Eine bedeutende Rolle bei der Christianisierung spielte der Prämonstratenserorden, dessen Gründer Norbert von Xanten im Jahre 1126 zum Erzbischof von Magdeburg erhoben worden war. Das 1133 von dem Magdeburger Liebfrauenkloster aus gegründete Chorherrenstift in Leitzkau entsandte 1138 einen Konvent nach Brandenburg-Parduin, der, 1161 zum Domkapitel erhoben, zur Burginsel übersiedelte, wo 1165 der Grundstein zum Neubau des Domes gelegt wurde. Er war also zugleich Bischofs- und Prämonstratenserklosterkirche. In seinen Ostteilen steckt das älteste erhaltene Zeugnis der märkischen Architektur.

Scheinbar unvermittelt und ohne bodenständige Vorentwicklung setzte die romanische Baukunst ein. Zweifellos kamen die führenden Kräfte aus den traditionsreichen Landschaften westlich der Elbe, natürlich auch aus Magdeburg, wie an den spätromanischen Schmuckformen des Brandenburger Domes abzulesen ist. Aber in einem entscheidenden Punkt war die Mark auf sich selbst gestellt: Während jenseits der Elbe das natürliche Baumaterial des Hausteins verwendet werden konnte, war man in der Mark darauf angewiesen, wenn nicht mit dem schwer zu bearbeitenden Feldstein, dann in Backstein zu bauen. Die Anwendung des Backsteins eröffnete neue Möglichkeiten des architektonischen Ausdrucks – aus kleinen Steinen, die mit Kalkmörtel in einem bestimmten Verband gemauert werden, entstehen glatte, plastisch kaum belebte Flächen von eindrucksvoll wuchtiger Erscheinung und zugleich mit einem malerischen Reiz, der durch die differenzierte rote Tönung, später auch durch die rote oder grüne Glasur der Ziegel verstärkt wurde. Die ebenso plötzliche wie vollkommene Anwendung der Backsteintechnik erklärt sich am ehesten aus der niemals ganz erloschenen Kenntnis der römisch-antiken Ziegelbauweise. Es bedurfte nicht, wie früher angenommen wurde, einer Neuerfindung dieser Technik. Auch die in der Forschung einst heißumstrittene Frage nach der Priorität einer bestimmten Landschaft hat an Aktualität verloren, seitdem erkannt worden ist, daß die mittel- und nordeuropäischen Gebiete des Backsteinbaus ziemlich gleichzeitig diese Technik anzuwenden begannen. Freilich kamen im 12. Jahrhundert neue Impulse zu ihrem Gebrauch und auch zu ihrer Aufwertung im geistig-künstlerischen Sinn aus dem Backsteingebiet Oberitaliens, mit dem der Norden vielfältige politische und kulturelle Kontakte pflegte. Dabei flossen mitunter südländische Gestaltungsprinzipien ein, etwa die auffallend flache Neigung der Seitenschiffsdächer, die wegen der klimatischen Bedingungen des Nordens aber sehr bald aufgegeben wurde. Noch unverändert ist sie z. B. an der Brandenburger Nikolaikirche erhalten. Die sporadische Übernahme oberitalienischer Schmuckformen hat auf die Ausprägung der märkischen Romanik, die durch schlichte Flächigkeit wirkt, keinen Einfluß gehabt.

Zentren des romanischen Bauschaffens waren nächst dem Bischofssitz die frühen Zisterzienserklöster Doberlug, Zinna und Lehnin. Obwohl die Gründungen in den 60er bis 80er Jahren des 12. Jahrhunderts liegen, entstanden ihre Kirchen erst um die Wende zum 13., als die letzte Phase der Romanik begann. Daher zeigen die in der Regel zuerst errichteten Ostteile dieser Bauten das Romanische noch in reiner Form; sie erscheinen als aus dem Quadrat entwikkelte Grundrisse und streng kubisch im Aufbau. In den jüngeren Langhäusern von Doberlug und Lehnin kündigte sich die kommende

Gotik schon an und bewirkte eine nachträgliche Veränderung der Raumproportionen der Ostpartien. – Dem späten Eintritt der Mark in die Achitekturgeschichte ist zuzuschreiben, daß es hier nur noch wenige Krypten gibt – z. B. die im Dom zu Brandenburg/H. Raumschöpfungen dieser Art hatten ihre große Zeit bereits hinter sich. Wie sich ähnlich dem Schwesterbau in Jerichow die Krypta zum Schiff hin öffnet, erinnert an Beispiele im Elsaß, am Oberrhein, in Oberitalien. Ursprünglich hatte auch die Liebfrauenkirche in Magdeburg, der Mutterbau der beiden märkischen Prämonstratenserkirchen, eine Krypta mit Westöffnungen.

Eine ursprünglich viel stärker vertretene Gruppe sind die romanischen Pfarrkirchen. Sofern sie als Basiliken eine differenziertere und repräsentativere Wertung beanspruchen als die Masse der Dorfkirchen, tritt ihre Abhängigkeit von den Ordenskirchen offen in Erscheinung. Die kleine Basilika in Lindena z.B. geht auf Doberlug zurück. St. Marien in Treuenbrietzen aus dem 2. Viertel des 13.Jahrhunderts übernimmt in den Ostteilen die meisterliche Granitquadertechnik von Zinna, die Fensterordnung ist dagegen von Lehnin abhängig. Überhaupt kommt der Bau mit drei Chören und dem Verzicht auf einen Westturm (die Ostteile sind verstümmelt, der Turm ist eine spätgotische Zutat) dem Typus einer Klosterkirche recht nahe.

Die voll ausgebildete Form der romanischen Dorfkirche ist vierteilig: hinter der Rundapsis der eingezogene quadratische oder kurzrechteckige Chor, der durch den Triumphbogen vom Schiff abgesetzt ist, im Westen der Turm, oft querrechteckig in Schiffbreite analog den monumentalen Vorbildern der Stadtkirchen, wie z. B. dem Turm der Gotthardkirche in Brandenburg/H.

Romanische Plastik und Malerei sind in der Mark nur spärlich vertreten. Aber selbst die wenigen Beispiele lassen erkennen, daß die Mark im 12. und 13.Jahrhundert für eine bodenständige Kunst noch nicht reif war. Wie das politische, so war auch das künstlerische Klima in der noch fremden und feindlich gesinnten Umwelt zu rauh, um größere Leistungen reifen zu lassen. Von Bedeutung sind die Kruzifixe im Brandenburger Dom und in Lehnin, das Brandenburger Evangelistar oder der Kelch der Rathenower Pfarrkirche. Es sind Werke aus dem benachbarten westelbischen oder dem niedersächsischen Kunstkreis.

Zwischen 1220 und 1260 ging in der Mark die romanische in die gotische Bauweise über. Der neue Stil fand zunächst nur in den Einzelformen, im Spitzbogen der Fenster und Arkaden, Anwendung, bevor die Konsequenzen seines konstruktiven Systems auch auf den Grundriß, die Raumverhältnisse und die Wölbung wirkten. Schrittmacher waren die Zisterzienser mit den bereits erwähnten Klosterkirchen. Jedoch war der erste, von Anfang an ganz auf Wölbung angelegte Bau eine Prämonstratenserkirche – die Wallfahrtskirche St. Marien auf dem Harlungerberg in Brandenburg/H., ihr Standort übrigens wohlbedacht an der Stelle des einstigen Triglaf-Heiligtums. Leider ist der bedeutende Bau 1722 abgerissen worden. Die zuvor angefertigten Zeichnungen zeigen eine Zentralkirche mit Emporen, vier Kreuzarmen und ebensoviel Türmen in deren Winkeln. Hier treffen Einwirkungen der spätstaufischen Kunst an Maas und Niederrhein mit solchen unmittelbar vom Magdeburger Dom zusammen, dessen breitarkadiges Langhaus später den Baumeister der Berliner Franziskanerkirche zur Nachbildung anregte. In den 70er Jahren fand die Mark ihren eigenen, backsteingerecht-gotischen Stil, der sich an keinem anderen Bau so eindrücklich und würdevoll manifestiert wie an der Zisterzienserklosterkirche in Chorin. Ihr Chorpolygon diente weithin als Vorbild, vor allem aber ihre Ornamentik, in der sich eine seltene Gedankenfülle mit einer vornehm-zurückhaltenden Formensprache vereint. Dennoch – Chorin ist eher der ausklingende Höhepunkt der Frühgotik als ein ins 14. Jahrhundert weisendes Werk. Die lange Tradition der Basilika, aus der noch die mönchisch-aristokratische Gesinnung der Kaiserzeit spricht, brach hiermit ab und wurde – bezeichnenderweise mit demselben Anspruch – nur noch einmal, beim spätgotischen Umbau des Brandenburger Domes, wieder aufgenommen.

Die Zukunft gehörte der Hallenkirche. Ihre von Rangordnungen befreiten, unkomplizierten und hellen Räume entsprachen den Vorstellungen des Bürgertums, das die Kunst des 14. und 15. Jahrhunderts bestimmte. Das Bauschaffen nahm in den aufblühenden Städten rasch zu. Aus der Frühphase der Hallenkirche um 1250 sind wegen der späteren Umbauten vollständige Beispiele nicht mehr erhalten. Grabungen bestätigen jedoch, daß es in der Mark auch kreuzförmige Hallen nach westfälischer Art gegeben hat. Die Baukunst um 1300 vertritt eine Reihe Bettelordenskirchen von ausgereiften Raumverhältnissen, so die Dominikanerkirche in Neuruppin, deren Rundpfeiler mit vier Diensten an hessisch-westfälische Formen erinnern, oder die Brandenburger und die Prenzlauer Dominikanerkirche mit den sonst üblichen Achteckpfeilern. Die Entwicklung drängte auf eine stärkere Vereinfachtung des Baukörpers, vor allem auf die Verschmelzung von Chor und Gemeinderaum. Ein Zisterzienserbau griff als erster diese Tendenz auf – Neuzelle, wo an den dreischiffigen, gerade geschlossenen Hallenchor ohne jede architektonische Zäsur das Langhaus angefügt wurde. Ein Vergleich mit Chorin, das in dieselbe Zeit fällt, verdeutlicht die Dynamik der Hallen-Idee, die sich den überlebten Vorstellungen kompromißlos widersetzte. Das Ideal des 14. Jahrhunderts war die sogenannte »chorlose« Halle mit flächigem Ostabschluß oder nur flachen Apsiden und einem mächtigen Giebel darüber, mit breiten Schiffen, das Ganze kubisch proportioniert, mit einem Satteldach, das weithin die Stadtsilhouette beherrschte. Diesen Typ vertreten am besten die Pfarrkirchen in Prenzlau und Gransee sowie die Pfarrkirche in Herzberg, deren eigenwilliger Chorschluß sich wie eine Vorbereitung auf die obersächsischen Hallenchöre der spätesten Gotik ausnimmt. Nachdem sich die Raumverschmelzung von Chor und Langhaus durchgesetzt hatte, wurde das klassische Kathedralschema des basilikalen Umgangschores mit Randkapellen aufgenommen und zeitgemäß zum Hallenchor mit polygonalem Umgang umgestaltet. Dieser Typ, dessen Entwicklung im letzten Viertel des 14. Jahrhunderts begann, war im ganzen 15. Jahrhundert charakteristisch für die großen Bürgerkirchen. Alle Beispiele überragt die von Hinrich Brunsberg um die Jahrhundertwende begonnene Katharinenkirche in Brandenburg/H. Sie ist zugleich das Muster des märkischen Dekorationsstiles, den der Meister aus dem Ordensland Preußen vermittelte und zu unübertroffen artistischer Höhe steigerte. Bei den meisten späteren Hallen mit Umgangschor lebte der dekorative Stil vor allem in den ordenspreußischen Sterngewölben und den Netzgewölben in der Art des Peter Parler fort, aber die Architektur im ganzen wie im Detail wurde zunehmend nüchterner. Vornehmlich aus ihrer Bestimmung als Wallfahrtskirche erklärt sich der kreuzförmige Grundriß der Halle von St. Nikolai in Wilsnack mit einem Prozessionsgang um den Chor und am Querschiff. Ihre reiche Ausstattung verdankt sie ihrem in Nordostdeutschland einzigartigen Ruf als Stätte eines Hostienwunders.

Die Profanbaukunst ist im Vergleich zur sakralen spärlicher vertreten. Von den einst zahlreichen Burgen sind nur noch wenige erhalten, meist als Reste oder durch spätere Veränderungen entstellt. Dagegen bietet sich die Wehrarchitektur in einigen Städten noch im fast unverfälschten Zustand dar. Am besten und fast in ganzer Länge erhalten ist die Stadtmauer in Wittstock. Tortürme verschiedener Gestalt gibt es in Gransee, Bernau, Mittenwalde, besonders aber in Brandenburg/H. und Jüterbog, dessen Dammtor nur wenig von seinem ursprünglichen Umfang eingebüßt hat. Gotische Rathäuser haben die Städte Fürstenwalde, Frankfurt/O., Brandenburg-Altstadt und Jüterbog. Hier erweist sich die Mark einmal mehr als ein Land der Giebelarchitekturen. An den Ostseiten der Dorf- und Stadtkirchen, über den Querschiffen und Westseiten der Ordenskirchen, über Sakristei- und Kapellenanbauten oder über den Straßen und Platzfronten der Rathäuser wie der Wohnbauten – es sind die Giebel, deren Fläche, Gliederung und Umriß zu fortwährend sich wandelnder künstlerischer Formung herausforderten.

Die rege Bautätigkeit brachte den bildenden Künsten zwar reichlich Aufträge zur Ausstattung von Kirchen, aber weder die Plastik noch die Malerei deuten auf eine bodenständige Art der Gestaltung hin. Baugebundene Skulptur ist hier, wo es keinen bildbaren Naturstein gibt, so gut wie unbekannt. Die Wirkung von Tonplastiken, z.B. auf den Portalkapitellen in Eberswalde, beruht auf ihrer Naivität. Werke aus Sandstein lassen schon wegen des fremden Materials auf Import schließen. Aber auch in der Holzbildhauerei fehlte es an der Kontinuität lokaler Werkstätten oder Schulen. Meister verschiedener Richtungen und aus verschiedenen Landschaften haben offenbar Aufträge übernommen. Ihr Einfluß verklang so schnell, wie er eingesetzt hatte. Das Bistum dürfte durch seine Beziehungen zur erzbischöflichen Metropole Aufträge an Magdeburger und Halberstädter Künstler begünstigt und auch an Pfarrgemeinden weitervermittelt haben. So weisen Schnitzwerke und steinerne Grabplatten im Dom und in einigen Kirchen der Mittelmark und des Fläming auf sächsische Provenienz hin. Die märkischen Randgebiete schlossen sich den benachbarten Kunstlandschaften an, die Lausitz an die kursächsische, die Prignitz an die lübisch-mecklenburgische. Noch unklar ist die Herkunft gotischer Bildwerke im Land Lebus.

Unter der böhmischen Herrschaft Karls IV. und seines Sohnes Sigismund scheint sich zwischen 1380 und 1420 eine etwas kontinuierlichere Phase abzuzeichnen. Gäbe es noch die Fresken, die Karl auf der Burg Tangermünde, seiner märkischen Residenz, von böhmischen Meistern hatte malen lassen, dann wäre das Urteil sicherer. Immerhin ist der kalligraphische Stil Böhmens in einer Reihe von Malereien zu erkennen. Dazu gehören z. B. die Miniaturen im Berliner Stadtbuch, Altargemälde in Brandenburg/H., Rathenow, Jüterbog und Pechüle sowie die Wand- und Gewölbemalereien in Brandenburg, St. Katharinen, und Herzberg, St. Nikolai. Die Qualität und die Abhängigkeit vom Böhmischen sind dabei recht unterschiedlich. Plastischen Bauschmuck im Stil der Parler-Nachfolge gibt es in Frankfurt/O., Neuzelle und Luckau. Selbst in der breiten Kunstproduktion der 2. Hälfte des 15. Jahrhunderts bis zur Reformation, der Zeit also, die anderwärts schon sehr individuelle und an Künstlerpersönlichkeiten gebundene Richtungen hervorbrachte, wodurch wiederum die landschaftlichen Wesenszüge sich klarer als zuvor gegeneinander absetzen, gibt es kein bedeutendes Werk, das als typisch märkisch bezeichnet werden könnte. Auch Namen bleiben aus. Diese allgemein unsichere Situation wird an dem Wittstocker Altar, den ein Gehilfe des Lübeckers Claus Berg geschnitzt hat, beispielhaft sichtbar.

Renaissance und Manierismus

Seit dem 16. Jahrhundert entwickelte sich die Kunst auf veränderten gesellschaftlichen Grundlagen. Daher will die Renaissance zwar auch als ein neuer Kunststil, im weitesten Sinne aber als ein neuer Lebensstil begriffen werden. Das Mittelalter ging zu Ende. Wie in den übrigen deutschen Ländern wurde auch in der Mark der Feudaladel zu einem bedeutenden Kulturträger, und entsprechend dem veränderten Kreis der Auftraggeber wandelten sich die an die Kunst gestellten Aufgaben.

Der Beginn der Renaissance fällt in der Mark ungefähr mit der Einführung der Reformation 1539 durch Kurfürst Joachim II. zusammen. Der Geist des neuen Zeitalters verkörpert sich in diesem Mann besonders deutlich. Lebensgierig und prunkliebend, ein echter Renaissancefürst, ein verschwenderischer Mäzen, ist er der Auftraggeber für das großartigste Bauunternehmen in der Mark – den Neubau des Berliner (Köllner) Schlosses anstelle der spätgotischen Wasserburg an der Spree. Konrad Krebs lieferte den Entwurf – eine kaum abgewandelte Wiederholung des von ihm erbauten Schlosses Hartenfels in Torgau, mit Reitschnecke, durchbrochenem Wendelstein, Balkon, Erkertürmen und hohen Zwerchhäusern, alles reich verziert mit figürlichen und ornamentalen Sgraffitodekorationen. Caspar Theiß führte 1538–1540 die Pläne aus und fügte noch einen Eckflügel an. Er baute 1542 auch das Jagdschloß Grunewald und nach 1558 vermutlich Schloß Tegel. Es wurde eine ganze Reihe von Burgen zu Schlössern umgewandelt, z. B. in Köpenick, Potsdam oder Wiesenburg. Die mittelmärkischen Beispiele sind durchweg in Barockanlagen aufgegangen, so daß wir nur noch aus älteren Beschreibungen, Topographien oder aus Bauuntersuchungen von ihnen wissen. Schloß Freyenstein zeichnet sich durch seine Terrakotten im Stil des Statius van Düren als ein Beispiel der lübisch-mecklenburgischen Renaissance aus. Allen Bauten ist gemeinsam die Neigung zum Malerisch-Dekorativen, zum Lebendig-Zufälligen. Eine strengere Auffassung schien sich gegen Ende des 16. Jahrhunderts durchzusetzen. Das Ribbecksche Haus in Berlin (1624) – eines der selten gewordenen Beispiele dieser Entwicklung – präsentiert seine Fassade mit geometrischer Kühle. Thaddäus Paglion, ein Italiener, baute 1607–1609 das Frankfurter Rathaus außen und innen in ernüchterndem Gleichmaß an. – Neben dem Schloßbau enstand als Folge der fortgeschrittenen Waffentechnik ein völlig neuer Typ der Wehrarchitektur – die Zitadelle. Es kam der neue Beruf des Offiziersarchitekten auf, dessen bedeutendster Vertreter Graf Rochus von Lynar ist, gebürtiger Toskaner, seit 1578 in kurbrandenburgischen Diensten, der außer als Berater bei Schloßbauten an den großen Festungen in Spandau und Peitz tätig war. Von den meisten dieser Anlagen können wir uns nur noch aus Merians Topographie aus der Mitte des 17. Jahrhunderts einen Begriff machen.

Der Protestantismus brachte keinen neuen Kirchentyp hervor. Man begnügte sich vielmehr mit den mittelalterlichen Bauten, unter denen die spätgotischen Hallen am ehesten der Vorstellung von einer evangelischen Predigtkirche entgegenkamen. Allerdings wurde das Innere den veränderten liturgischen Bedürfnissen angepaßt, wobei leider ein großer Teil der alten Ausstattung verlorenging. Neue Altäre und Kanzeln wurden errichtet sowie Emporen und Gestühle eingebaut. Zu einer typischen Form der Renaissance wurde das Epitaph. Als Auftragswerk des Adels und der Patrizierschaft trat es oft nicht nur in künstlerische, sondern auch in geistig-inhaltliche Konkurrenz zur liturgischen Ausstattung und konnte selbst mit dem Altar identisch werden. Ein vielsagendes Beispiel dafür ist der Hauptaltar, den Rochus von Lynar 1582 für die Nikolaikirche in Spandau zugleich als Grabmal für sich und seine Familie gestiftet hat. Die Vielzahl der Ausstattungsstücke in den Kirchen ist anonym und von handwerklicher Solidität. Ein hervorragender Epitaphienmeister war Christoph Dehne, der von Magdeburg aus für verschiedene Adelsfamilien im West-Havelland Wandgrabmäler schuf. Seine Werke kennzeichnen das Ende einer Entwicklung, in der von Anfang an das Ornament eine dominierende Rolle spielte. Sie führte vom Roll- und Beschlagwerk zum manieristischen Knorpelornament, das die architektonische Struktur immer mehr überwucherte. Die beklemmende Verworrenheit, in der sich die allgemeine Lage im Dreißigjährigen Krieg zu spiegeln scheint, drückt dem Röbelschen Grabmal in der Marienkirche zu Berlin ihren Stempel auf. Eine Steigerung ist da kaum noch möglich. Das Stift Neuzelle, konfessionell wie künstlerisch eine Enklave, erlebte gleich nach dem Ende des Dreißigjährigen Krieges die Verwandlung des Inneren der Stiftskirche durch manieristische Dekorationen. Die aus Böhmen dorthin berufenen Italiener Cometa und Vanet hinterließen aber keine Schule.

Barock

Das Land konnte von dem Elend des Dreißigjährigen Krieges nicht anders befreit werden als durch die straffe Zusammenfassung aller Kräfte in der Hand des Landesherrschers. Das bedingte eine ungeahnte Stärkung des Absolutismus. Die Inkarnation dieser Regierungsform im Zeitalter des Frühbarock ist Kurfürst Friedrich Wilhelm von Brandenburg. Er leitete kolonisatorische und städtebauliche Maßnahmen ein, um die Verwüstung und Entvölkerung des Landes zu beheben. Auch der im Kriege völlig erlahmten Kunst gab er neuen Auftrieb, der sich auf die Residenzen konzentrierte, auf Berlin und Potsdam, aber auch auf Köpenick und Oranienburg, den Lieblingssitz der Kurfürstin Luise Henriette von Oranien, aus deren Hofhaltung sich die Stadt entwickelte. Dagegen festigte sich die Macht des Adels auf dem Lande nur langsam. Herrensitze gab es dort erst wieder seit Ende des 17. Jahrhunderts.

Durch die Bindungen des Kurfürsten an das Haus Oranien fand die niederländische Kunst Eingang in die Mark. Nach holländischem Muster entstanden der Lustgarten und die Plantage Unter den Linden in Berlin. Damit war bereits 1643 die Richtung der barocken Magistrale bestimmt, in deren Fortsetzung sich die Stadt weiter nach Westen erweitern sollte. Aus Holland kamen auch die Architekten – Johann Gregor Memhardt und Michael Matthias Smids, die an den Schlössern in Berlin, Potsdam und Oranienburg bauten, dann Rütger von Langerfeld, der Baumeister von Schloß Köpenick, und Johann Arnold Nering, der nach Memhardts Tod 1678 die führende Rolle übernahm. Die frühbarocke Baukunst zeigt denn auch die dem Märkertum wesensverwandte Schlichtheit der holländischen Architektur. Puritanische Züge äußerten sich nach der dekorationsfreudigen Renaissance z. B. in der Wiederbelebung der Backsteinkunst. Das Oranienburger Waisenhaus von 1663, seit 1945 nur als Torso erhalten, verbindet, ähnlich wie im 18. Jahrhundert das Holländische Viertel in Potsdam, die märkische Tradition des Backsteinbaues mit dem holländischen Formengut. Trotz plastischer Durchgliederung sind die Putzfassaden der Schlösser in Oranienburg und Köpenick sowie der dortigen Schloßkapelle von behäbiger Breitflächigkeit. Bezeichnend ist auch die Zurückhaltung vor überschwenglich repräsentativen Treppenhäusern. Raumdekorationen vor 1700 haben sich u. a. in Köpenick, Caputh und Lieberose erhalten. Mit reichen Stuckdecken wurde auch das Junkerhaus Friedrichs III. in Frankfurt/O. ausgestattet, von vielen anderen Wohnbauten aus dieser Zeit fast das einzige, das den letzten Krieg überdauert hat. – Allmählich fand auch die Kirchenbaukunst wieder den Anschluß an die Entwicklung. Ein frühes Beispiel dafür bietet die Pfarrkirche in Neustadt/Dosse, ein Zentralbau in Anlehnung an holländische Vorbilder. – Holländische Bildhauer waren am Hofe tätig, etwa Bartholomäus Eggers oder Artus Quellinus, von dem das Grabmal für Otto Christoph von Sparr stammt, den Befehlshaber über den Memhardtschen Festungsbau in

Berlin. Dieses Epitaph ist wie ein Abglanz der holländischen Interieurmalerei, noch frei von dem Pathos, das später so vordergründig werden sollte.

Die Forderungen des Hochbarock konnte am ehesten ein Künstler erfüllen, der seine Aufgabe in der Durchdringung und wechselseitigen Steigerung von Architektur und Plastik sah. Hier war es Andreas Schlüter, den Friedrich III. 1694 aus Warschau berief. 1701 wurde Preußen Königreich. Mit diesem politischen Wachstum ging das künstlerische konform. Schlüter führte die Baukunst wie die Bildhauerkunst aus provinzieller Biederkeit zu einer Höhe, die nach europäischem Maßstab bewertet werden muß. Schon die Masken im Hof des Berliner Zeughauses von 1696 sind von raumerobernder, dennoch gebändigter Kraft. Im Reiterstandbild des Großen Kurfürsten fand Schlüters Stil seine monumentale Erfüllung. So wie er dieses Denkmal auch als Baumeister gestaltete, so schuf er seine Bauten zugleich als Bildhauer. Das Beste von ihm, zugleich das Hauptwerk des norddeutschen Barock, war der Um- und Neubau des Berliner Schlosses, das im letzten Krieg zerstört und danach beseitigt wurde. Es nahm mit zwei großen Höfen fast ganz den heutigen Marx-Engels-Platz ein. Einen Begriff von seinen Höhendimensionen vermittelt noch ein am Gebäude des ehemaligen Staatsrates der DDR wiederverwendetes Portal vom Lustgarten-Flügel. Nach dem Einsturz des von ihm gebauten Münzturmes entlassen, folgte Schlüter 1713 einem Ruf des russischen Zaren. Qualitativ in weitem Abstand von ihm standen der mehr französisch ausgerichtete Jean de Bodt und der um Effekte bemühte Eosander von Göthe, von dem der Kuppelturm des Mittelbaues und der Ehrenhof des Charlottenburger Schlosses stammen.

Berlin und das 1722 zur Immediat-Stadt erhobene Potsdam blieben auch weiterhin die Hauptschauplätze der Entwicklung. Nach der Pause, die unter dem Soldatenkönig Friedrich Wilhelm I. entstand, erreichte die höfische Kunst unter Friedrich II. erneut europäischen Glanz, der allzuleicht die Opfer der infolge ständiger Kriege verarmten Bevölkerung vergessen läßt. Auch als Mäzen war Friedrich II. Absolutist. Die Entwicklung vom Hochbarock zum Rokoko spiegelt sich am besten in der gewandelten Einstellung der führenden Künstler zur Architektur: An die Stelle des Bildhauer-Architekten Schlüter trat der Maler-Architekt Georg Wenzeslaus von Knobelsdorff – diesmal ein geborener Märker. Für Friedrich, damals noch Kronprinz, baute er Schloß Rheinsberg zu einer märkischen Idylle um. Die verdichtete Achsenfolge am Neuen Flügel des Charlottenburger Schlosses kennzeichnet Knobelsdorffs Hinwendung zum Klassizismus, der sich, frei von der Rücksicht auf Vorhandenes, am Berliner Opernhaus entfalten konnte. Dominierend ist hier das antike, von Palladio und den französischen Klassikern aufgegriffene Motiv des Säulenportikus, der von nun an in verschiedenen Variationen die klassizistischen Tendenzen andeutete. Architektur, Plastik, Malerei und gestaltete Landschaft wuchsen zu einzigartiger Einheit zusammen in dem Weinbergschloß Sanssouci, der Sommerresidenz des Königs. Hier setzte Friedrich seine Idee so selbstherrlich durch, daß es mit Knobelsdorff zum Bruch kam. Die Nachfolger waren um so gefügiger, je reizbarer der alte König wurde. Das Neue Palais in Potsdam nannte er selbstironisch eine »Fanfaronade«. Wie sehr der Ausklang des friderizianischen Rokoko rückläufig barock war, bestätigt die Bibliothek in Berlin durch die Übernahme eines Entwurfs von Josef Emanuel Fischer von Erlach. Der 1764 aus Bayreuth gekommene Karl von Gontard suchte in der Durchsetzung einer strengeren, klassizistischen Gesamtform mit barocken Details wieder den Anschluß an die allgemeine Entwicklung zu gewinnen. Seine besten Leistungen sind das Militärwaisenhaus in Potsdam und die Turmbauten der beiden Kirchen auf dem Gendarmenmarkt in Berlin. Überhaupt entstanden die Barockkirchen in den Residenzen Berlin und Potsdam schon seit 1700 vornehmlich als Zentralbauten. Ihre aufragenden, kräftig gegliederten Türme bildeten die Akzente im Stadtbild. Der Turm der Berliner Sophienkirche von Friedrich Grael ist ein bezeichnendes und selten gewordenes Beispiel dafür, seitdem die Türme der Potsdamer Garnisonskirche, ein Hauptwerk des Preußischen Barock, 1945 beschädigt, trotz vorangegangener Wiederherstellung 1968 gesprengt wurden.

Die Barockarchitektur auf dem Lande vermochte nur vereinzelt dem höfischen Vorbild zu folgen. Die einstigen Adelssitze, z. B. in Groß-Rietz, Meseberg, Kossenblatt und Lieberose, zählen zu den anspruchsvolleren Bauten, von denen vor 1945 weit mehr erhalten waren. Der sächsische Barock ist durch das Schloß Martinskirchen hervorragend vertreten. Im bürgerlichen Wohnbau war das Dekorieren in Putz und Stuck allgemein verbreitet. Stattliche Beispiele für Putzfassaden gibt es in der Niederlausitz. Während an den Residenzen eine Vielzahl auch ausländischer – in Preußen französischer, in Sachsen italienischer – Künstler beschäftigt war, arbeiteten heimische Bildhauer und Maler vor allem für die Kirchenausstattung. Die Ordnung der Kanzelaltäre, Gestühle und Emporen wurde durch die evangelische Predigtliturgie bestimmt. Dazu gab es auch architekturtheoretische Schriften, wie die des Leonhard Christoph Sturm. Dagegen folgte die Ausstattung der beiden Kirchen in Neuzelle ganz dem Vorbild des böhmisch-schlesischen Katholizismus.

Klassizismus, 19. und 20. Jahrhundert

Auch Brandenburg-Preußen empfand die Beseitigung des Absolutismus als Befreiung. Das neue künstlerische Ideal wurde die Antike in der Sicht Johann Joachim Winckelmanns. Die norddeutschen Landschaften waren gemäß ihrem allgemeinen Kunstempfinden auf das Sachlich-Kühle eingestellt, der Klassizismus berührte sie eher als der Barock und das angesichts der politischen Wirklichkeiten trügerisch erscheinende Rokoko. Schon 1747 sah der Dresdener Friedrich August Krubsacius am Knobelsdorffschen Opernhaus in Berlin bestimmte Regeln der griechischen Baukunst angewendet. Offen in Erscheinung trat der Klassizismus aber erst nach dem Tode Friedrichs II. 1787 veränderte Friedrich Wilhelm von Erdmannsdorff das Sterbezimmer des Königs in Sanssouci im neuen Stil. Carl Gotthard Langhans legte mit dem Bau des Brandenburger Tores in Berlin, der Leistung seines Lebens, den Kanon des Klassizismus fest. Die besten Werke vor 1800, von denkmalhaftem Charakter wie dieses Tor, blieben Entwürfe. Darum erscheint das wenige Erhaltene, z. B. das Haus Rietz in Potsdam oder die Innendekoration des dortigen Marmorpalais, um so wertvoller. In den folgenden Jahrzehnten fand der norddeutsche Klassizismus in Karl Friedrich Schinkel seinen großen Interpreten. Seine monumentalen Bauten – das Alte Museum, das Schauspielhaus und die nicht erhaltene Bauakademie in Berlin – repräsentieren die bürgerliche Gesellschaft als führende Bildungsmacht. Erst die Restauration und die Romantik belebten wieder die alten Bauthemen Kirche und Schloß. Entwicklungsgeschichtlich bedeutete der Höhepunkt des Klassizismus eine Parallele zur Romantik. Schinkel selber war Klassizist und Romantiker. Der Historismus des 19. Jahrhunderts war die natürliche Folge der Rückschau auf Antike und Mittelalter. Friedrich Wilhelm IV., der sich als einen Schüler Schinkels bezeichnete, war Bauherr historischer Anlagen im Park von Sanssouci und in Berlin. In Potsdam wirkte Ludwig Persius, in Berlin und Charlottenburg Johann Heinrich Strack und August Stüler, später Friedrich Hitzig und Hermann Friedrich Waesemann. Paul Wallots Reichstagsgebäude und die evangelische Domkirche von Julius Raschdorff in Berlin sind unüberhörbare Schlußakkorde des Historismus im Wilhelminischen Kaiserreich. – Für die Bildhauerkunst des Klassizismus in Preußen, insbesondere in Berlin, stehen paradigmatisch zwei Künstler: Johann Gottfried Schadow und Christian Daniel Rauch. Schadows Vierergespann der Viktoria auf dem Brandenburger Tor ist das inhaltlich Bedeutsamste vom Ganzen, das – nun erneut – als Denkmal zu werten ist. Überhaupt entwickelte sich die Skulptur immer mehr zum freistehenden Standbild, zum Denkmal. Alle Möglichkeiten, dem gesteigerten Nationalbewußtsein einen realistischen Ausdruck zu verleihen, schöpfte Rauch in seinem Reiterstandbild für Friedrich II. aus. Der Historismus fand seinem Wesen gemäß reichlich Gelegenheit, Denkmäler zu produzieren. – Für die Gartenkunst ergaben sich aus der Naturverbundenheit der Romantik außerordentliche Impulse. Peter Joseph Lenné und Fürst Pückler sind die beiden großen Gestalter von Parklandschaften, z. B. in Potsdam und Branitz bei Cottbus.

Seit dem ausgehenden 19. Jahrhundert sahen sich die Architekten durch Wirtschaft, Handel und Industrie, durch Verkehr, Wissenschaft und Sport vor manche bislang ungewohnte Aufgaben gestellt. Was sie darin Neues schufen, demonstriert vor allem die Hauptstadt Berlin und ihr Umland. Bis ins 2. Jahrzehnt bauten Architekten wie Oskar Kaufmann oder Ludwig Hoffmann noch vergleichsweise konventionell. Der eigentliche Durchbruch zu einem neuen Stil, den wir heute, noch nach zwei Generationen, mit Recht unter dem Sammelbegriff der »Moderne« begreifen, weil er mit den neuen Materialien Stahl, Beton und Glas zugleich auch neue Gestaltungsmöglichkeiten erschloß, gelang beispielhaft den Architekten Peter Behrens mit der AEG-Turbinenfabrik 1908/09 in Moabit und Erich Mendelsohn mit dem Einstein-Turm in Potsdam 1920/21. In Berlins Außenbezirken erreichten die Wohnsiedlungen und »Gartenstädte«, an deren Planung und Gestaltung viele namhafte Architekten beteiligt waren, in den 20er Jahren ein nie gekanntes Ausmaß – Höhepunkt der in den 80er Jahren des 19. Jahrhunderts einsetzenden Heimstättenbewegung. Die Baukunst des »Dritten Reiches« ist vor allem durch die Messebauten an der Masurenallee und durch das Olympiastadion vertreten.

Der zweite Weltkrieg hatte das Land schwer getroffen. Berlin war ein Trümmerfeld, der Altstadtkern von Frankfurt/O. wurde bis auf vereinzelte Bauten zerstört, in Potsdam gelang im letzten Augenblick die Bewahrung der Schlösser und Gärten von Sanssouci. Die Not war zu groß, als daß überall gleichmäßig und sofort der Wiederaufbau und die Restaurierung von Denkmalen beginnen konnten. Die denkmalpflegerischen Maßnahmen konzentrierten sich zunächst auf die Werke von internationalem Kunstwert. Das historische Ensemble der Berliner Linden-Allee ist wieder vollständig aufgebaut bzw. restauriert. Allmählich konnten bedeutendere Bauten auch in den anderen Städten und auf dem Lande wieder instandgesetzt werden. Das Charlottenburger Schloß, 1943 fast vollständig ausgebrannt und seit den 50er Jahren kontinuierlich rekonstruiert, muß in unserer Vorstellung die Lücke ausfüllen, die durch den unwiederbringlichen Verlust der großen Barockschlösser in Berlin, Potsdam und Schwedt entstanden ist.

Das Bauwesen seit den 50er Jahren, das im Zeichen vor allem des Städtebaus steht, hat sich durch die Spaltung Deutschlands und Berlins auf sehr unterschiedliche Art entwickelt, so daß beispielsweise ein Vergleich zwischen dem Hansa-Viertel, dem Kernstück der »Internationalen Bauausstellung 1957« im Westberliner Bezirk Tiergarten, und den Bauten der einstigen Stalin- heute Karl-Marx-Allee (1949–1960) im Ostteil der Stadt eher das Gegensätzliche als das Übereinstimmende verdeutlichen würde. Nirgendwo in Europa hat die politische und gesellschaftliche Konfrontation zwischen Ost und West in den letzten vier Jahrzehnten die Architektur so greifbar und auf engstem Raum zum Bedeutungsträger eben des unterschiedlichen Lebensstils und des unterschiedlichen sozialen Befindens gemacht wie hier in Berlin.

Joachim Fait

BILDTEIL

1 | BERLIN. BEZIRK TEMPELHOF | B

TEMPELHOF. Ehem. Templerordenskirche von Südwesten

Marienfelde. Ehem. Templerordenskirche von Südosten

3 | Berlin. Bezirk Mitte | B
Marienkirche

Marienkirche: Wandmalerei in der Turmhalle

5 | Berlin. Bezirk Mitte | B

Marienkirche: Inneres nach Osten

B | BERLIN. BEZIRK MITTE
Marienkirche: Taufe | 6

Marienkirche: Kanzel

B | BERLIN. BEZIRK MITTE | 8

Marienkirche: Kelch aus der Nikolaikirche

9 | Berlin. Bezirk Mitte | B

Nikolaiviertel

Nikolaikirche: Inneres nach Osten

11 | Berlin. Bezirk Mitte | B

Nikolaikirche: Grabmal Männlich

Franziskanerkirche

13 | Berlin. Bezirk Mitte | B
Heilig-Geist-Kapelle

Stadtarchiv: Stadtbuch, Madonna

15 | Berlin. Bezirk Spandau | B

Zitadelle mit Torhaus und Juliusturm

B | Berlin. Bezirk Spandau | 16

Nikolaikirche: Inneres nach Osten

BERLIN. BEZIRK SPANDAU
Nikolaikirche, Hochaltar

B | Berlin. Bezirk Zehlendorf | 18

Dahlem. Jagdschloß Grunewald

Ribbeck-Haus: Portal

B | Berlin. Bezirk Köpenick | 20

Schloß Köpenick, Schloßkapelle

Schloßkapelle: Inneres

B | BERLIN. BEZIRK KÖPENICK | 22

Schloß Köpenick: Wappensaal

23 | Berlin. Bezirk Mitte | B

Ehem. Zeughaus von Südwesten

Ehem. Zeughaus: Mittelrisalit

25 | BERLIN. BEZIRK MITTE | B
Sophienkirche: Turm

St. Hedwigskirche

27 | Berlin. Bezirk Mitte | B
St. Hedwigskirche: Inneres

BERLIN. BEZIRK MITTE
Deutsche Staatsoper

BERLIN. BEZIRK MITTE
Humboldt-Universität

B | Berlin. Bezirk Mitte | 30
Alte Bibliothek

31 | Berlin. Bezirk Charlottenburg | B

Schloß Charlottenburg: Mittelbau

B | BERLIN. BEZIRK CHARLOTTENBURG | 32

Schloß Charlottenburg: Denkmal des Großen Kurfürsten

33 | Berlin. Bezirk Charlottenburg | B

Schloß Charlottenburg: Chinesisches Zimmer

Schloß Charlottenburg: Knobelsdorff-Flügel

35 | BERLIN. BEZIRK CHARLOTTENBURG | B

Schloß Charlottenburg: Goldene Galerie

Schloß Bellevue: Hofansicht

Belvedere im Charlottenburger Schloßpark

B | Berlin. Bezirk Kreuzberg | 38

Berlin-Museum, ehem. Kammergericht

39 | Berlin. Bezirk Mitte
Nikolaiviertel, Ephraim-Palais | B

B | Berlin. Bezirk Mitte | 40

Ermeler-Haus: Treppenhaus

41 | BERLIN. BEZIRK PANKOW | B

Schloß Niederschönhausen

B | Berlin. Bezirk Schöneberg | 42
Königskolonnaden

43 | BERLIN. BEZIRK LICHTENBERG | B
Schloß Friedrichsfelde: Festsaal

Brandenburger Tor

Brandenburger Tor: Quadriga

Berlin. Bezirk Zehlendorf
Wannsee. Schloß auf der Pfaueninsel

47 | Berlin. Bezirk Zehlendorf | B

Wannsee. Schloß auf der Pfaueninsel: Großer Saal

B | BERLIN. BEZIRK ZEHLENDORF | 48
WANNSEE. Meierei auf der Pfaueninsel

Berlin. Bezirk Mitte
Schauspielhaus am Gendarmenmarkt

Deutsche Kirche am Gendarmenmarkt

51 | Berlin. Bezirk Mitte | B

Französische Kirche am Gendarmenmarkt

B | BERLIN. BEZIRK CHARLOTTENBURG | 52

Mausoleum im Charlottenburger Schloßpark

53 | Berlin. Bezirk Charlottenburg | B
Mausoleum: Sarkophag der Königin Luise

Neue Wache

 BERLIN. BEZIRK REINICKENDORF
TEGEL. Schloß: Westseite

B | BERLIN. BEZIRK MITTE | 56
Friedrichswerdersche Kirche: Inneres nach Norden

57 | Berlin. Bezirk Mitte | B
Friedrichswerdersche Kirche, Schinkel-Museum

Altes Museum

Altes Museum: Kuppelsaal

B | Berlin. Bezirk Charlottenburg | 60
Schinkel-Pavillon im Charlottenburger Schloßpark

61 | Berlin. Bezirk Zehlendorf | B

Wannsee. Kasino im Schloßpark Klein-Glienicke

B | BERLIN. BEZIRK ZEHLENDORF | 62
WANNSEE. »Große Neugierde« im Schloßpark Klein-Glienicke

63 | Berlin. Bezirk Mitte | B

Ehem. Singakademie (Maxim-Gorki-Theater)

B | Berlin. Bezirk Wedding | 64
Paulskirche: Fassade

65 | BERLIN. BEZIRK MITTE | B

Unter den Linden: Scharnhorst-Denkmal

Unter den Linden: Denkmal Friedrichs des Großen

67 | Berlin. Bezirk Charlottenburg | B

Antiken-Museum beim Charlottenburger Schloß

Neue Synagoge

69 | Berlin. Bezirk Mitte | B
Nationalgalerie

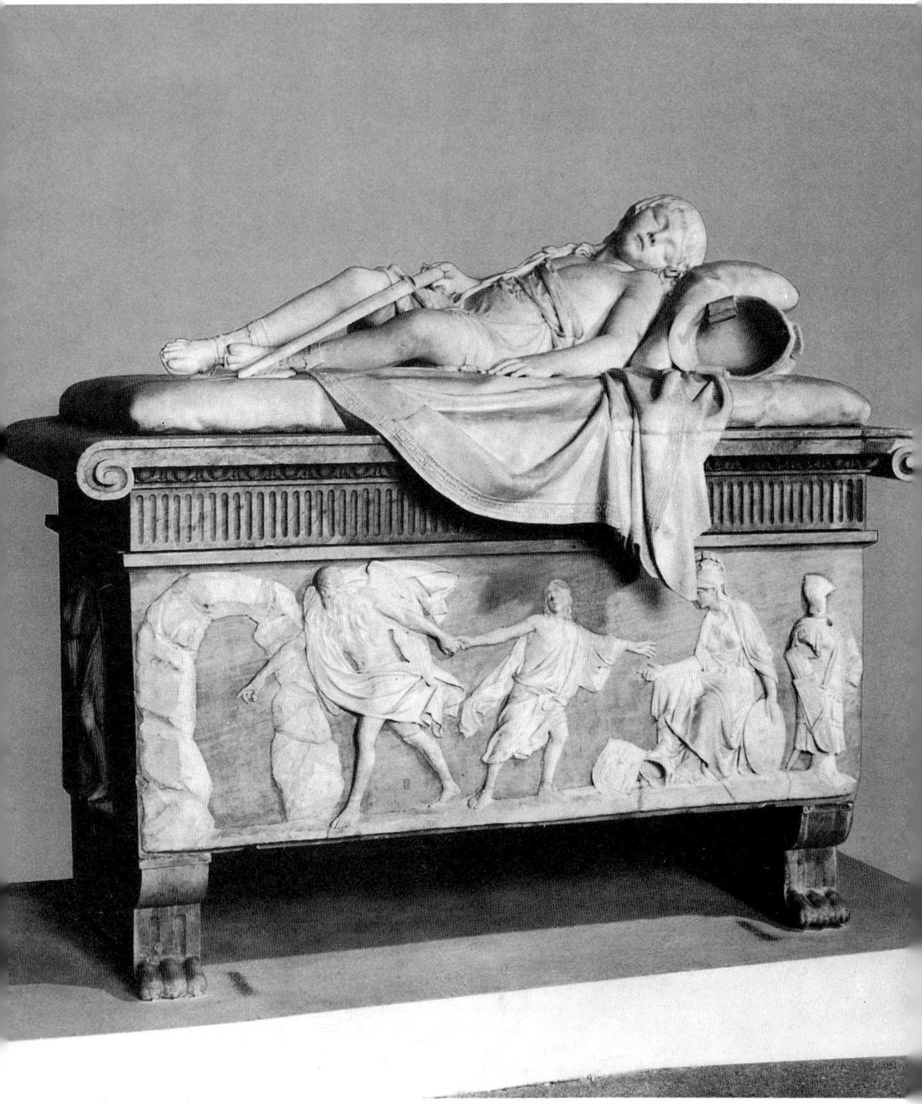

Nationalgalerie: Grabmal des Grafen von der Mark

71 | Berlin. Bezirk Wilmersdorf | B
Ehem. Joachimsthalsches Gymnasium

B | BERLIN. BEZIRK TIERGARTEN | 72

Siegessäule auf dem Großen Stern

73 | Berlin. Bezirk Mitte | B

Berliner Rathaus

Neptunbrunnen

Nikolaiviertel: Reiterstatue des hl. Georg

BERLIN. BEZIRK TIERGARTEN
Bismarck-Denkmal am Großen Stern

Martin-Gropius-Bau

Reichstagsgebäude am Platz der Republik

79 | Berlin. Bezirk Mitte | B

Dom: Ansicht von Südosten

Domgruft: Sarkophag der Königin Sophie-Charlotte

81 | Berlin. Bezirk Mitte | B
Domgruft: Sarkophag des Königs Friedrich I.

Märkisches Museum

83 | BERLIN. BEZIRK MITTE | B

Stadthaus

B | Berlin. Bezirk Mitte | 84

Stadtgericht Berlin-Mitte: Treppenhaus

85 | BERLIN. BEZIRK SCHÖNEBERG | B

Rathaus Schöneberg

Moabit. Turbinenfabrik der AEG

87 | BERLIN. BEZIRK KÖPENICK | B

OBERSCHÖNEWEIDE. Werk für Fernsehelektronik

BERLIN. BEZIRK MITTE
Volksbühne

89 | Berlin. Bezirk Kreuzberg | B

Hebbeltheater an der Stresemannstraße

Wohnanlage am Fritschweg

91 | Berlin. Bezirk Zehlendorf | B

Wohnhaus Seefeld, Knesebeckstraße

B | Berlin. Bezirk Neukölln | 92

Wohnhaus Kottbusser Damm 90

Berlin. Bezirk Zehlendorf
Wohnhaus Perls, Hermannstraße

DAHLEM. Deutsches Archäologisches Institut

Berlin. Bezirk Charlottenburg
Villa Sternefeld, Heerstraße

Funkturm und Messehallen

97 | BERLIN. BEZIRK ZEHLENDORF | B

Siedlung »Onkel Toms Hütte«

Ehem. Universum-Kino

99 | BERLIN. BEZIRK KREUZBERG | B

Haus der IG Metall

B | BERLIN. BEZIRK TEMPELHOF | 100
Druckhaus Tempelhof

101 | Berlin. Bezirk Tiergarten | B

Ehem. Shell-Haus am Reichpietschufer

Zentralverwaltung der Krankenkasse am Köllnischen Park

Berlin. Bezirk Charlottenburg
Haus des Rundfunks

BRITZ. Hufeisensiedlung

105 | BERLIN. BEZIRK CHARLOTTENBURG | B
Großsiedlung Siemensstadt

Berlin. Bezirk Wilmersdorf
Ev. Kirche am Hohenzollernplatz

Olympiastadion: Blick vom Glockenturm

Le-Corbusier-Haus an der Heerstraße

109 | Berlin. Bezirk Tiergarten | B
Kongreßhalle

Kaiser-Wilhelm-Gedächtniskirche und Europa-Center

111 | Berlin. Bezirk Charlottenburg | B

Plötzensee. Kath. Kirche Maria Regina Martyrium

Ehem. Staatsratsgebäude

113 | Berlin. Bezirk Mitte | B
Komische Oper

Neue Nationalgalerie, Matthäikirche und Philharmonie

115 | Berlin. Bezirk Tiergarten | B
Philharmonie: Konzertsaal

Fernsehturm

Internationales Congress Centrum (ICC)

Wohnblock Ritterstraße-Nord

119 | BERLIN. BEZIRK TIERGARTEN | B

Stadtvillen an der Rauchstraße

Wohnhaus Fraenkelufer/Admiralstraße

 ALT KRÜSSOW. Dorfkirche: Ostgiebel

A | ALTDÖBERN. Schloß: Treppenhaus | 122

 Angermünde. Pfarrkirche: Westturm

A | Angermünde. Pfarrkirche: Taufe | 124

 Belzig. Burg Eisenhardt

B | BERNAU. Marienkirche: Inneres nach Osten |

127 | BERNAU. Marienkirche: Hochaltar, rechter Seitenflügel | B

BERNAU. Steintorturm

129 | BLANKENSEE. Dorfkirche: Taufe | B

B | BRANDENBURG. Dom: Inneres nach Osten |

131 | Brandenburg. Dom: Chor | B

133 | Brandenburg. Dom: Krypta, Kapitell mit Fabelwesen | B

B | BRANDENBURG. Dom: Kruzifix | 134

135 | BRANDENBURG. Dom: Sitzmadonna | B

B | BRANDENBURG. Dom: Leuchterengel | 136

137 | Brandenburg. Dom: Böhmischer Altar, Predella | B

B | BRANDENBURG. Dom: Marienaltar, Maria |

139 | Brandenburg. Dom: Hauptaltar, geöffnet | B

141 | Brandenburg. Dom: | B
Grabstein des Bischofs Stephan Bötticher

B | Brandenburg. Dom: Evangelistar | 142

143 | Brandenburg. Dom: Deckel des Rutger-Lektionars | B

145 | BRANDENBURG. Nikolaikirche von Südosten | B

147 | BRANDENBURG. Katharinenkirche: Chor | B

B | BRANDENBURG. Katharinenkirche: Südkapelle |

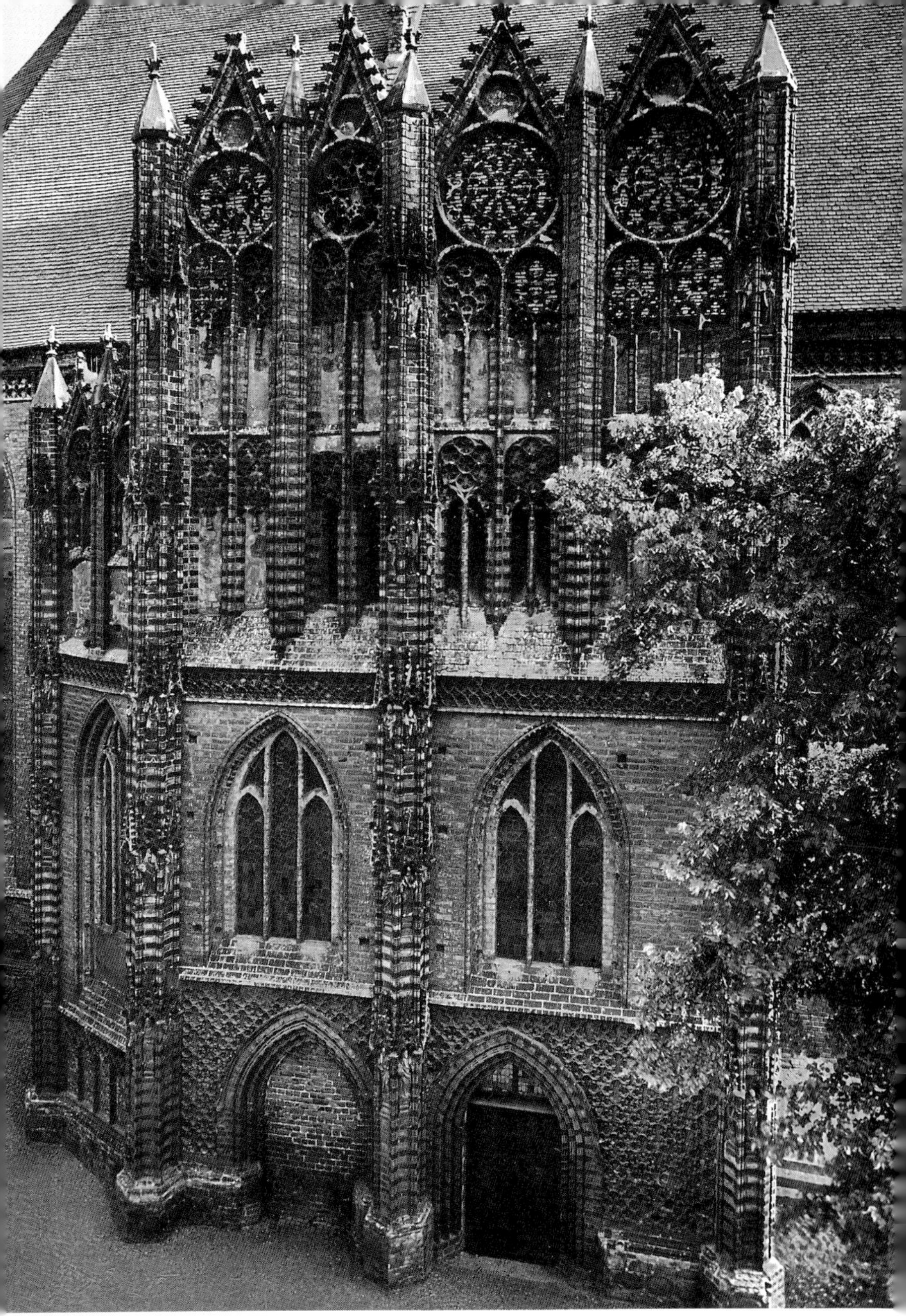

149 | BRANDENBURG. Katharinenkirche: Nordkapelle | B

B | BRANDENBURG. Katharinenkirche: Chor nach Osten |

151 | Brandenburg. Katharinenkirche: Inneres nach Westen | B

153 | Brandenburg. Katharinenkirche: Wandmalerei | B

B | BRANDENBURG. Katharinenkirche: Altar, Mittelschrein | 154

155 | BRANDENBURG. Katharinenkirche: Steinretabel im nördlichen Chorumgang | B

B | BRANDENBURG. Katharinenkirche: | 156
Chorfenster aus der ehem. Dominikanerkirche St. Pauli

157 | BRANDENBURG. Katharinenkirche: Wandgrab des Bernd von der Schulenburg | B

159 | BRANDENBURG. Gotthardkirche: Inneres nach Osten | B

161 | Brandenburg. Gotthardkirche: Einhornteppich | B

163 | Brandenburg. Altstädtisches Rathaus | B

B | BRANDENBURG. Ordonnanzhaus und Nordfassade des Altstädtischen Rathauses | 164

165 | BRANDENBURG. Neustädtischer Markt 11 | B

C | Caputh. Schloß: Festsaal | 166

 Caputh. Schloß: Keller

 Chorin. Klosterkirche: Chor

169 | CHORIN. Klosterkirche: Inneres nach Osten | C

C | Chorin. Kloster: Pfortenhaus und Brauhaus | 170

171 | Chorin. Klosterkirche: Westfassade | C

C | Chorin. Klosterkirche: Pfeilerkapitell im Langhaus | 172

 CHORIN. Klosterkirche: Ansicht von Südwesten

175 | CHORIN. Kloster: Fürstensaal | C

C | COTTBUS. Oberkirche: Altar | 176

177 | Cottbus. Oberkirche von Südwesten | C

179 | Cottbus-Branitz. Schloßpark: Pyramide | B

B | COTTBUS-BRANITZ. Schloß: Musiksaal |

181 | DOBERLUG. Zisterzienserkirche: Inneres nach Osten | D

183 | Eberswalde. Pfarrkirche: Westportal, Detail | E

F | Finsterwalde. Dreifaltigkeitskirche: Kanzeldetail | 184

185 | FRANKENDORF. Dorfkirche: Chorfenster | F

F | FRANKFURT/ODER. | 186
Ehem. Franziskanerkirche (Konzerthalle): Westfassade

 FRANKFURT/ODER. Ehem. Franziskanerkirche: Gewölbe

F | FRANKFURT/ODER. Ruine der Marienkirche von Südwesten | 188

189 | Frankfurt/Oder. Marienkirche: Detail vom Nordportal | F

F | Frankfurt/Oder. Gertraudenkirche: Taufe aus der Marienkirche | 190

191 | FRANKFURT/ODER. Gertraudenkirche: Altar, Mittelschrein aus der Marienkirche | F

Frankfurt/Oder. Gertraudenkirche:
Leuchter aus der Marienkirche

193 | Frankfurt/Oder. Gertraudenkirche: Schreinaltar, Mittelteil | F

F | FRANKFURT/ODER. Rathaus: Galeriesaal |

195 | Frankfurt/Oder. Rathaus von Nordwesten | F

197 | Frankfurt/Oder. Ehem. Garnisonschule | F

 FREYENSTEIN. Altes Schloß

199 | FÜRSTENWALDE. Rathaus | F

G | GRANSEE. Ruppiner Tor: Stadtseite | 200

 Gransee. Luisendenkmal

 GRANSEE. Pfarrkirche von Osten

 Gransee. Pfarrkirche: Inneres nach Osten

 GRANSEE. Pfarrkirche: Altar, Detail

205 | GROSSKMEHLEN. Dorfkirche: Altar, Detail | G

G | GROSSKMEHLEN. Schloß: Stuckdecke | 206

207 | GRUHNO. Dorfkirche: Taufe | G

H | Heiligengrabe. Ehem. Zisterzienserinnenkloster: Kapelle des Heiligen Grabes, Westfassade | 208

209 | HERZBERG. Pfarrkirche: Inneres nach Osten | H

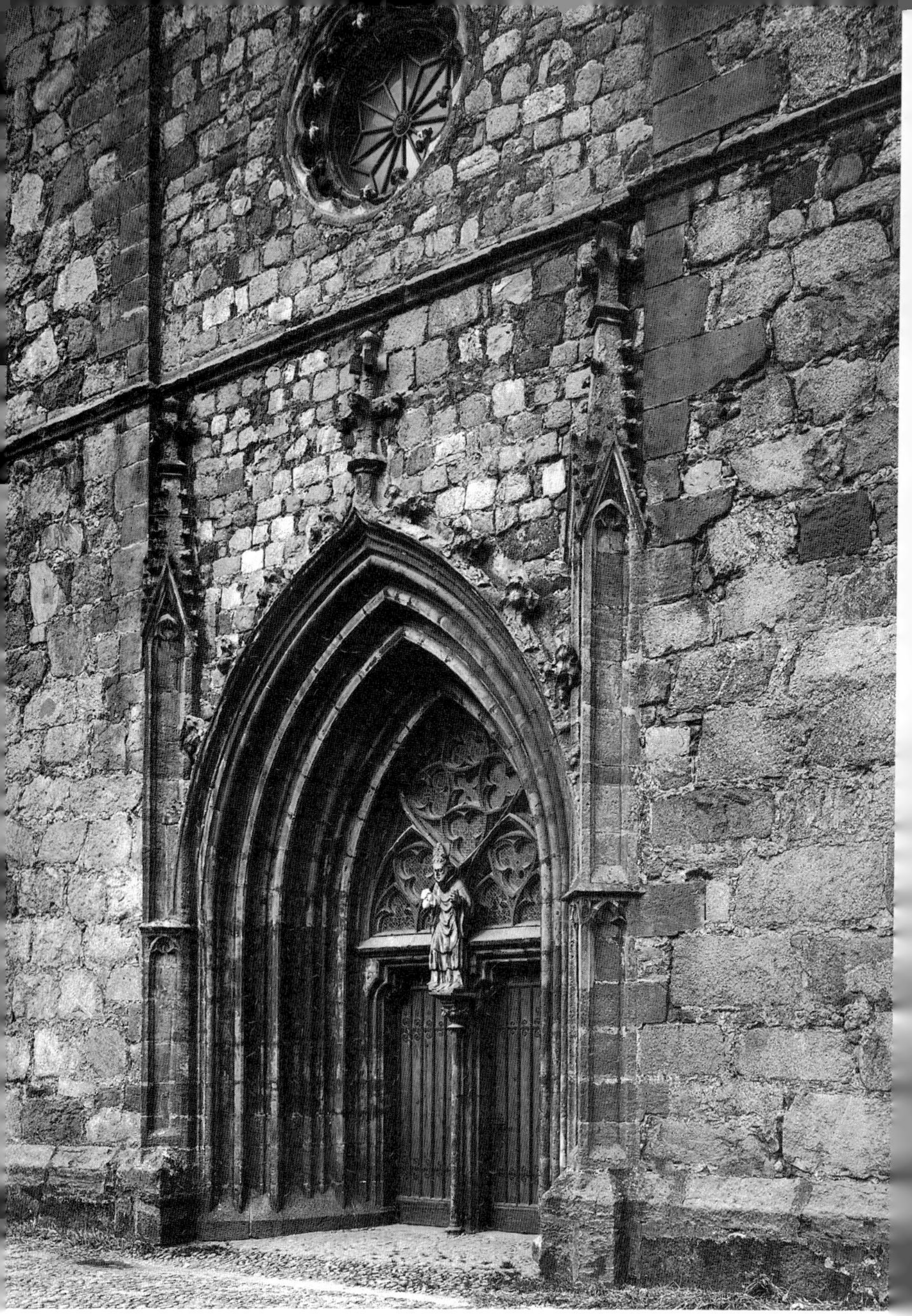

 Jüterbog. Nikolaikirche: Inneres nach Osten

Jüterbog. Nikolaikirche:
Tafel vom ehemaligen Hauptaltar

215 | Jüterbog. Nikolaikirche: Gewölbemalerei in der Südkapelle | J

219 | JÜTERBOG. Dammtor: Feldseite | J

K | Ketzür. Dorfkirche: Wandgrab Brösicke | 220

221 | Ketzür. Dorfkirche: Inneres nach Osten | K

KLOSTER ZINNA. Klosterkirche: Chor von Südosten

223 | Kloster Zinna. Klosterkirche: Inneres nach Osten | K

K | Kloster Zinna. Klosterkirche: | 224
Konsole im südlichen Seitenschiff

225 | Kloster Zinna. Klosterkirche: Chorgestühl | K

227 | Kloster Zinna. Neue Abtei: Wandmalerei | K

229 | KYRITZ. Marienkirche: Taufe, Detail | K

L | LEHDE. Freilandmuseum: Stallgebäude |

231 | Lehnin. Klosterkirche: Chor | L

L | LEHNIN. Klosterkirche: Kruzifix | 232

233 | Lehnin. Klosterkirche: Inneres nach Osten | L

L | LEHNIN. Klosterkirche: Grabstein Markgraf Ottos IV. | 234

235 | LEHNIN. Klosterkirche: Kreuzigungsbild | L

 Lieberose. Schloß: Stuckdecke

 Lübben. Schloß: Nordportal

L | LUCKAU. Ehem. Georgenkapelle mit Hausmannsturm | 238

239 | LUCKAU. Nikolaikirche: Westansicht | L

L | Luckau. Nikolaikirche: Inneres nach Westen |

 Luckau. Nikolaikirche: Kanzel

243 | Luckau. Nikolaikirche: doppelte Wendeltreppe | L

245 | LUCKENWALDE. Pfarrkirche: Inneres nach Osten | L

L | LUCKENWALDE. Pfarrkirche: Pfeilermalerei |

M | MÜHLBERG. Kloster Güldenstern: Klosterkirche von Südwesten | 248

 Mühlberg. Kloster Güldenstern: Neue Probstei

 NEUHARDENBERG. Schloß: Parkseite

 Neuhardenberg. Dorfkirche: Inneres nach Osten

 Neuruppin. Dominikanerkirche: Inneres nach Osten

 NEURUPPIN. Dominikanerkirche: Altar, Detail

255 | NEURUPPIN. Marienkirche: Inneres nach Osten | N

 Neuruppin. St. Lazaruskapelle: Portal

NEUSTADT. Pfarrkirche

 Neustadt. Pfarrkirche: Inneres nach Osten

259 | NEUZELLE. Katholische Stiftskirche | N

261 | NEUZELLE. Katholische Stiftskirche: Inneres nach Osten | N

 NEUZELLE. Katholische Stiftskirche: Kanzel, Detail

263 | NEUZELLE. Katholische Stiftskirche: Hochaltar | N

 Neuzelle. Katholische Stiftskirche: Pietà-Altar

NEUZELLE. Katholische Stiftskirche: Große Monstranz

267 | NEUZELLE. Katholische Stiftskirche: | N
Alte Sakristei, Gewölbeschlußstein

 NEUZELLE. Pfarrkirche zum Heiligen Kreuz: Inneres nach Osten

AEDES FRIDERICVS TERTIVS
IN MEMORIA PARENTIS
AVXIT. MDCXC

 Paretz. Dorfkirche: Rundscheibe (Kopie)

271 | Paretz. Dorfkirche: Luisen-Gedenktafel | P

273 | Pechüle. Dorfkirche: Inneres nach Osten | P

275 | POTSDAM. Marstall, Risalit an der Südseite | P

277 | POTSDAM. Stall für Kutschpferde, Mittelrisalit | P

 Potsdam. Brandenburger Tor

 Potsdam. Alte Wache

283 | Potsdam. Nikolaikirche: Inneres nach Norden | P

P | POTSDAM. Ehem. Militärwaisenhaus: Treppenhaus | 284

 Potsdam. Schloß Cecilienhof

 POTSDAM. Einsteinturm

289 | Potsdam-Babelsberg. Schloß: Tanzsaal, Gewölbe | P

 | Potsdam-Sanssouci. Schloß: Mittelpavillon | 290

291 | POTSDAM-SANSSOUCI. Schloß mit Weinbergterrassen | P

297 | Potsdam-Sanssouci. Neue Kammern | P

301 | Potsdam-Sanssouci. Neues Palais: Marmorsaal | P

 Potsdam-Sanssouci. Neues Palais: Spiegelsaal

 POTSDAM-SANSSOUCI. Communs

305 | POTSDAM-SANSSOUCI. Freundschaftstempel | P

Potsdam-Sanssouci. Chinesisches Teehaus

307 | Potsdam-Sanssouci. Chinesisches Teehaus: Detail | P

P | POTSDAM-SANSSOUCI. Schloß Charlottenhof |

309 | Potsdam-Sanssouci. Schloß Charlottenhof: Vestibül | P

P | Potsdam-Sanssouci. Schloß Charlottenhof: Humboldtzimmer |

 Potsdam-Sanssouci. Römische Bäder

313 | POTSDAM-SANSSOUCI. Friedenskirche: Inneres nach Osten | P

P | POTSDAM-SANSSOUCI. Friedenskirche | 314

 Rathenow. Pfarrkirche: Südliches Seitenschiff

 RATHENOW. Pfarrkirche: Kelch

R | RATHENOW. Pfarrkirche: Altar, Mittelschrein | 318

319 | RATHENOW. Pfarrkirche: rechter Altarflügel | R

321 | Rheinsberg. Schloß | R

 RHEINSBERG. Schloß: Kolonnade an der Wasserseite

 Rheinsberg. Schloß: Deckengemälde

 STOLZENHAIN. Dorfkirche: Lukasaltar, Detail

327 | STOLZENHAIN. Dorfkirche: Lukasaltar | S

 Straupitz. Dorfkirche: Westfassade

329 | STRAUPITZ. Dorfkirche: Inneres nach Osten | S

331 | Tremmen. Dorfkirche: Ansicht von Westen | T

 TREUENBRIETZEN. Marienkirche: Hauptapsis

333 | TREUENBRIETZEN. Marienkirche: Inneres nach Osten | T

335 | VIETMANNSDORF. Dorfkirche: | V
Kreuzigungsrelief von einem Altarretabel

337 | WIESENBURG. Schloßeingang | W

 Wiesenburg. Schloß: Brunnen

339 | Wilmersdorf. Dorfkirche: Anna selbdritt | W

W | WILSNACK. Wallfahrtskirche: Westfassade | 340

 Wilsnack. Wallfahrtskirche: Inneres nach Osten

343 | WILSNACK. Wallfahrtskirche:
Figur des Bischofs J. v. Wöpelitz | W

 Wilsnack. Wallfahrtskirche: Christuskopf, Fragment

 WITTSTOCK. Marienkirche

347 | Wittstock. Marienkirche: Inneres nach Osten | W

 WITTSTOCK. Marienkirche: Hauptaltar, Detail

349 | WITTSTOCK. Marienkirche: Hauptaltar | W

W | WITTSTOCK. Marienkirche: Standbild eines Bischofs | 350

 Wittstock. Marienkirche: Madonna

W | Wittstock. Marienkirche: Sakramentshäuschen, Detail | 352

353 | WITTSTOCK. Gröper Tor: Stadtseite | W

355 | WUSTERHAUSEN. Pfarrkirche: Inneres nach Westen | W

 ZEHDENICK. Aus dem Kloster: Hungertuch

 ZIESAR. Burgkapelle: Inneres

 ZIESAR. Burgkapelle: Votivrelief

 Ziesar. Burgkapelle

ERLÄUTERUNGEN ZU DEN BILDERN

ABKÜRZUNGEN

A.	Anfang	MSch.	Mittelschiff
bar.	barock	N	Nord(en)
beg.	begonnen	nördl.	nördlich
bes.	besonders	O	Ost(en)
bez.	bezeichnet	östl.	östlich
D.	Drittel	QSch.	Querschiff
dat.	datiert	Ren.	Renaissance
E.	Ende	Rest.	Restaurierung
ehem.	ehemals, ehemalig	rest.	restauriert
erb.	erbaut	rom.	romanisch
ev.	evangelisch	S	Süd(en)
gegr.	gegründet	SSch.	Seitenschiff
gew.	geweiht	südl.	südlich
got.	gotisch	sog.	sogenannt
H.	Hälfte	urspr.	ursprünglich
hl.	heilige(r)	V.	Viertel
Jh.	Jahrhundert	viell.	vielleicht
kath.	katholisch	voll.	vollendet
Lhs.	Langhaus	W	West(en)
M.	Mitte	westl.	westlich
manier.	manieristisch	z. T.	zum Teil

BERLIN. BEZIRK TEMPELHOF: TEMPELHOF. – EHEM. TEMPLERORDENSKIRCHE. Reinhardtplatz [1]. Im Alten Park gegenüber dem Rathaus gelegen. A. 13. Jh. von den Tempelrittern gegr., erste Gründung des Ordens in Mittelbrandenburg; nach Aufhebung des Templerordens 1312 übernahmen 1318 die Johanniter den Besitz. Die 1952 ergrabenen Fundamente einer Kirche mit W-Turm sind wohl der Gründungsbau; die heutige Kirche wohl nach M. 13. Jh.: spätrom. Granitquaderbau mit rechteckigem Schiff und halbrunder Apsis; alt sind noch die Spitzbogenportale und das Fenster in der Apsismitte. Nach schweren Kriegsschäden wurde die Kirche 1954–1956 in urspr. Form wiederhergestellt. – Im Inneren eine Kopie (um 1596 von Daniel Fritsch) des 1506 gemalten Katharinenaltars (Dresden, Galerie) des Lucas Cranach d. Ä. [1/e5]

BERLIN. BEZIRK TEMPELHOF: MARIENFELDE. – EHEM. TEMPLERORDENSKIRCHE [2]. An der Straße Alt-Marienfelde gelegen. A. 13. Jh., wohl von Tempelhof aus gegr.; nach der Aufhebung des Tempelherrenordens 1312 ging dessen Besitz samt Kirchen 1318 an den Johanniterorden über, seit 1435 im Besitz von Berlin-Kölln, das einen Gutshof aus dem Besitz machte, den 1844 Adolf Kiepert erwarb. Dieser erbaute das Kiepertsche Gutshaus (Alt-Marienfelde 21). Die Granitquaderkirche wurde um 1220 erb.: rechteckiger Saalbau mit gleich breitem ✳ *W-Querbau*, eingezogenem, quadratischem Chor mit halbrunder Apsis. Typisch märkische Dorfkirche der Stauferzeit. Die ✳ *Anbauten* an den Chor im N und S kamen im 14./15. Jh. hinzu; die urspr. flachgedeckte Kirche hat seit 1921 ein Holztonnengewölbe und den Vorbau vor dem W-Portal; Vergrößerung der Fenster 1896. [2/e5]

BERLIN. BEZIRK MITTE. – PFARRKIRCHE ST. MARIEN [3–8]. Die bei der Gründung der Berliner Neustadt um 1270 erb. Kirche wird 1292 erstmals erwähnt. Trotz des großen Brandes von 1380 konnten beträchtliche Teile dieser frühgot. Halle für den erweiterten Neubau übernommen werden: die Längsmauern bis zu den diagonal gestellten westl. Strebepfeilern mit hohem Feldsteinsockel, darin das nördl. Granitquaderportal sowie einige Pfeiler, die sich durch stärkere plastische Bildung auszeichnen. Der Neubau ist eine 3schiffige Halle von 6 Jochen, der 1schiffig heraustretende kurze Chor schließt in einem 5seitigen Polygon. Von den Kapellenanbauten der S-Seite ist nur der östl. – die Sakristei – urspr., die übrigen entstanden 1893/94. An der N-Seite des Chores eine 2geschossige Gruftkapelle von 1659 bis 1663. Der A. 15. Jh. beg. Bau des W-Turmes zieht sich über die Tätigkeit des Meisters St. Boxthude 1466/67 bis in das 16. Jh. hin. Der 1514 abgebrannte Spitzhelm 1538 erneuert, abermals 1663 bis 1666 durch M. M. Smids im niederländischen Barockstil, 1789/90 nach Entwurf von C. G. Langhans in der noch überlieferten Form, in der die zeitgenössischen Stilelemente sich mit denen der kommenden Neugotik auf eigenartige Weise zu verbinden suchen. – Das ✳ *Innere* von zurückhaltender Einfachheit. Im Chor Sterngewölbe, im Lhs. Kreuz-, im westl. Joch Netzgewölbe, die 8eckigen Pfeiler gebündelt, die Kapitelle ohne Ornamentik. Von den Netzgewölben in der 3teiligen Turmhalle sind nur die seitlichen urspr., das mittlere von 1893/94. Die letzte Rest.

außen und innen 1969. – In der reichen Ausstattung spiegelt sich ein guter Teil Berliner Kunsttradition wider, zumal einige Werke aus zerstörten Kirchen hierher überführt wurden. Als ältestes Stück darf die bronzene ✻ *Taufe* von 1437 besonderes Interesse beanspruchen. Zeitlich ihr am nächsten sind die ✻ *Wandgemälde* mit der franziskanischen Darstellung des Totentanzes in der Turmhalle, zwischen 1469 und 1490, viell. aus Anlaß der Pest von 1484. Erst 1860 entdeckt, mehrfache Übermalungen jetzt entfernt. Eine Kreuzigungsgruppe teilt den 2 m hohen Bildstreifen mit einem Schriftband darunter in 2 Gruppen, links die geistlichen, rechts die weltlichen Stände, zwischen jeweils 2 Figuren der Tod, der sie berührt. Der Altar als typisch bar. Schauwand in ganzer Chorbreite, 1758–1762, die Gemälde von A. Krüger entworfen und von C. B. Rode, dem Stifter des Altars, gemalt. Das weit überragende Werk ist die marmorne ✻ *Kanzel* von A. Schlüter, 1703 am 4. östl. Freipfeiler der N-Arkade aufgestellt, wobei in gewagter Konstruktion die 4 Kanzelpfeiler die got. Stütze ersetzen. Aus liturgischen Gründen wurde die Kanzel 1948 auf gleiche Weise an den 1. Freipfeiler versetzt, aber entgegen der urspr. nach S gerichteten Achse um 90° nach W gedreht. Die Orgel 1720–1723, voll. erst 1742, Spielwerk von J. Wagner, Prospekt von J. G. Glume und P. de Ritter. Aus der großen Anzahl von Epitaphien des 16.–18. Jh. sollen wenigstens 2 erwähnt werden: das Epitaph des kurfürstlichen Generalfeldmarschalls Otto Christoph von Sparr, gest. 1668, vor seinem Tode von dem Antwerpener Bildhauer A. Quellinus 1663 gearbeitet, N-Seite des Chores; und das Grabmal an der östl. Stirnseite des nördl. SSch, errichtet zum Gedächtnis des Ehrenreich von Röbel, gest. 1630, und seiner Frau Anna geb. von Golnitz, gest. 1642, viell. von Chr. Dehne. Zum Inventar zählt jetzt auch der kostbare silbervergoldete ✻ *Kelch* mit Patene. Die Inschriften und Bildnisse deuten darauf hin, daß es Geschenke der markgräflichen Brüder Johann II. und Otto IV. und ihrer Gemahlinnen sind, bestimmt für ihr Hauskloster in Chorin, zu datieren um 1270, wohl niedersächsisch. [3/f2]

BERLIN. BEZIRK MITTE. – PFARRKIRCHE ST. NIKOLAI [9–11]. Die älteste Kirche der Berliner Altstadt. Infolge der Zerstörung von 1945 war Gelegenheit, den 1. Bau nach der Stadtgründung um 1232 zu ergraben. Dieser Granitquaderbau war eine 3schiffige, kreuzförmige Pfeilerbasilika mit Mittelapsis und Nebenapsiden an den Kreuzarmen. Von ihm erhalten ist der Unterbau der beiden W-Türme. In der 2. H. 13. Jh. Umbau zur Halle und Erweiterung der SSch. Der Chor-Neubau 1379 beg., aber durch den Stadtbrand von 1380 verzögert und erst um 1460 zusammen mit dem Neubau des Lhs. voll. Die Pfeiler des Hallenumgangschores schließen in 3, seine Außenmauern in 7 Seiten. Der Kranz niedriger Kapellen zwischen den eingezogenen Strebepfeilern ähnlich wie an der Brandenburger St. Gotthardkirche. Das Lhs. hat 7 Joche mit Bündelpfeilern, die der Berliner Marienkirche verwandt sind. An der N-Seite 5 Kapellen und die Sakristei, an der südl. 4 und die 1452 gestiftete 2geschossige Liebfrauenkapelle. Der Aufbau der W-Türme 1878. Der Wiederaufbau der 1945 bis auf die Umfassungsmauern zerstörten Kirche 1980 beg. und voll. 1987 zusammen mit dem Neubau des

* *Nikolaiviertels* um die Kirche herum in vortäuschend mittelalterlicher Enge. – Zur urspr. reichen Ausstattung gehörten vor allem Gedächtnistafeln und Wandgrabmäler von Berliner Bürgern des 16.–18.Jh. Das * *Grabmal* des Hofgoldschmieds Daniel Männlich ist ein Werk Andreas Schlüters von 1700. – Die Kirche ist seit dem Wiederaufbau eine Dependance des Märkischen Museums und zeigt u. a. sakrale Plastik des Mittelalters sowie Exponate zur Berliner Stadtgeschichte von den Anfängen bis 1648. [10/f2]

BERLIN. BEZIRK MITTE. – FRANZISKANERKIRCHE, [12]. Gründung des Konvents 1249. Der 1. Bau – wie bei anderen märkischen Beispielen der Bettelordensarchitektur – eine Saalkirche aus Feldstein, z. T. in den Erweiterungsbau übernommen. Dieser ist eine Basilika über relativ gedrungenem Grundriß, 3schiffig und 4 Joche tief, mit weiten Arkaden über niedrigen Pfeilern, deren Bündelform und Kämpferornament die entwicklungsgeschichtliche Vermittlung zwischen Brandenburg, Domkloster, und dem Bau von Chorin darstellt, 3. V. 13.Jh. Im 14.Jh. Anbau des 1schiffigen Chores mit einem 7/12-Polygon, Choriner Einfluß. Die Kirche 1945 schwer beschädigt, als Ruine konserviert. Die Reste des »Grauen Klosters« auf N-Seite 1968 abgetragen. [12/f2]

BERLIN. BEZIRK MITTE. – HEILIG-GEIST-KAPELLE. Spandauer Straße [13]. 1272 erste Erwähnung eines Hospitals zum Hl. Geist. Ausdrücklich genannt wird die Kapelle in der Spandauer Straße erst 1313. Ihre O-Seite mit dem reizvoll gegliederten Giebel scheint indes in spätgot. Zeit verändert worden zu sein. Der urspr. flach gedeckte Saal erhielt 1476 Sterngewölbe. Bis zum Neubau der Handelshochschule 1905/1906 diente die Kapelle der kath. Gemeinde, dann war sie Hörsaal und ist jetzt Mensa der Wirtschaftswiss. Fakultät der Humboldt-Universität. [13/f2]

BERLIN. BEZIRK MITTE. – STADTARCHIV, STADTBUCH, [14]. Das 1391–1399 geführte Berliner Stadtbuch enthält 2 ganzseitige Miniaturen – die Madonna mit dem Kind und Christus als Weltenrichter. Die stilistische Prägung wird dem unmittelbaren Einfluß der böhmischen Malerei zugeschrieben. [14/f2]

BERLIN. BEZIRK SPANDAU. – ZITADELLE [15]. Regelmäßige, allseits von Wasser umflossene Anlage nördl. der Mündung der Spree in die Havel, nordöstl. der Altstadt. Die um 1160 von Albrecht dem Bären gegr. Stadt und der an dieser Stelle bes. günstige Havelübergang wurden durch eine Burg geschützt. Davon blieben (wohl von ca. 1160) der sog. * *Juliusturm*, der ehem. Bergfried, und der angrenzende, ca. 1521–1523 von Kurfürst Joachim I. umgebaute Palas erhalten. 1557 faßte Kurfürst Joachim II. den Plan, an Stelle der Burg eine moderne Zitadelle in italienischer Art zu bauen. Baubeginn 1560 nach Plan von F. Chiaramella de Gandino, der 1562 bis 1578 die Bauarbeiten leitete; Weiterbau und Voll. 1578–1590 durch Graf R. von Lynar. Kern der Anlage ist ein Quadrat von etwa 200 m Seitenlänge, die Gebäude an den 4 Seiten lassen einen großen Hof entstehen; an den 4 Ecken des Quadrats sind spitzwinklig zulaufende Bastionen angelegt, die seit 1701 König, Kronprinz, Brandenburg und Königin genannt werden. Das * *Tor-*

haus im S mit der darüberliegenden Kommandantenwohnung entstand um 1701, die Fassade von 1839. Der Juliusturm (so genannt nach Herzog Julius v. Braunschweig-Wolfenbüttel, Schwiegersohn Joachims II.) diente 1873 bis 1919 als Aufbewahrungsort für den sog. »Reichskriegsschatz« (120 Millionen Mark in Goldstücken). In der Zitadelle befindet sich jetzt das Spandauer Heimatmuseum. [15/a2]

BERLIN. BEZIRK SPANDAU. – ST. NIKOLAIKIRCHE. Reformationsplatz [16, 17]. Im Zentrum der Altstadt (Carl-Schurz-Straße/Reformationsplatz) gelegen. Die 1. rom. Kirche vermutlich 2. H. 12. Jh., 1210 erstmals erwähnt. Die heutige hochgot. Backsteinhallenkirche mit mächtigem Satteldach wurde ca. 1410–1450 erb. (Altarstiftungen 1424 und 1432), W-Turm 1467/68 von Paul Rathstocken (Glokkengeschoß 1740–1744 erneuert), die Kirche 1830 bis 1839 durchgreifend rest., nach Kriegsschäden 1944 Wiederherstellung. Sehr weiträumige 3schiffige ✶ *Halle* mit polygonalem Hallenchor mit Umgang, Kreuzrippengewölbe, im Chor Sterngewölbe, wuchtiger W-Turm. – Der ✶ *Hochaltar* (H = 8 m) wurde 1581 von Festungsbaumeister Graf Rochus von Lynar gestiftet, dessen Familiengruft sich darunter befindet (1593–1596 von H. Rosenbaum farbig gefaßt). Der aus bemaltem Kalkstein und Tuff errichtete Altar zeigt in der Mitte das Abendmahl, links den Stifter mit 2 Söhnen, rechts die Frau mit 3 Töchtern, oben das Jüngste Gericht. – Die Kanzel, um 1700, ist eine Stiftung Friedrich Wilhelms I. für das Stadtschloß in Potsdam, seit 1904 in der Nikolaikirche. [16/a2]

BERLIN. BEZIRK ZEHLENDORF: DAHLEM. – JAGDSCHLOSS GRUNEWALD [18]. Im Grunewald am Grunewaldsee gelegen. Kurfürst Joachim II. v. Brandenburg, der Erbauer des Berliner Stadtschlosses, ließ einen Kranz von Jagdhäusern wie Köpenick, Potsdam, Grunewald erbauen; letzteres blieb in dieser Form am vollständigsten erhalten: 1542 durch C. Theiß ein kleines Jagdschloß, genannt »Zum Grunen Wald«, errichtet; davon sind der Treppenturm und die reizende Vorhalle erhalten geblieben. Das Schlößchen war urspr. von Wassergräben umzogen, der Wasserspiegel des Grunewaldsees stand damals wesentlich höher als heute. Die umliegenden Wirtschaftsgebäude und Stallungen wurden ca. 1580–1593 von R. von Lynar und teilweise erst um 1770 erb. Das Schloß erhielt seine heutige Gestalt seit 1669 durch J. A. Nering und bis 1707 durch M. Grünberg und Behr. Es enthält eine wertvolle Gemäldesammlung, vor allem Niederländer des 17. Jh. [18/a5]

BERLIN. BEZIRK MITTE. – RIBBECK-HAUS. Breite Straße 35 [19]. Erb. 1624 für den Kurfürstlichen Kammerrat und späteren Gouverneur von Spandau Hans Georg von Ribbeck und seine Frau Katharina. In Berlin ist es das einzige Wohnhaus der Spätren., dessen Äußeres trotz vielfachen Wechsels der Nutzung seine urspr. Wirkung noch verhältnismäßig rein bewahrt hat. Das ✶ *Sandsteinportal* mit Inschrift und Baudatum. Eines der 4 Zwerchhäuser mit den im Knorpelstil geschmückten Giebeln wurde nach der Zerstörung von 1945 in alter Form 1952 ergänzt. [19/f3]

BERLIN. BEZIRK KÖPENICK. – Schloss [20–22]. Die Schloßinsel war seit urgeschichtlicher Zeit bewohnt und wurde im 9. Jh. durch einen slawischen Burgwall gesichert. Hier residierte der Wendenfürst Jacza, ein erbitterter Gegner Albrechts des Bären. Gegen E. 12. Jh. askanische Burgvogtei, diese 1245 erstmals erwähnt. Kurfürst Joachim II. ließ die Burg 1558 durch ein Ren.-Schloß ersetzen. Baumeister war Wilhelm Zacharias. Von dem Plan einer bar. Dreiflügelanlage gelangte der 3geschossige Trakt am Dahme-Ufer und der niedrige Wirtschaftsflügel mit der *✶Schloßkapelle* zur Ausführung. Der Wohnflügel – das jetzige Schloß – beg. nach 1674 von R. von Langerfeld im Stil des holländischen Barock. Plastisch und dekorativ betont sind die von einem segmentbogigen Giebel bekrönten Mittelrisalite, hinter denen das Treppenhaus liegt. Die Treppen selber steigen im Wechsel von einfachen und doppelten Läufen, hofseitig von Vestibülen, an der Wasserseite von halbgeschossigen Fluren eingefaßt. Die z. T. erhaltenen, reich stuckierten Decken von G. Caroveri und viell. auch von G. Simonetti. Die Deckenmalereien weisen durch die bevorzugte Darstellung der Diana und des Bacchus auf die Nutzung des Baues als Jagd- und Lustschloß hin. Der prächtigste Raum ist der ✶ *Wappensaal.* Paarweise gruppierte Hermen tragen die Wappen der zur Kurmark gehörenden 25 Länder. An den Längswänden das von »Wilden Männern« gestützte große kurbrandenburgische Wappen. – Die 2geschossige Galerie 1688 angebaut von J. A. Nering. Erneuerung zwischen 1749 und 1782, als Marie Henriette von Württemberg das Schloß als Witwensitz bewohnte. Danach verlor der Bau an Bedeutung und diente verschiedensten Zwecken. Rest. seit 1963, eingerichtet als Kunstgewerbemuseum. – Die Schloßkapelle in der Mitte des Wirtschaftsflügels am Frauentog erb. 1682–1685 von Nering. Niederländisch ist an der Fassade die breitflächige Gliederung und die Tendenz, der Vertikalstruktur durch eine betont hohe Attika ausgleichend zu begegnen. Im Innern nimmt ein Tonnengewölbe aus Holz die Wandgliederung (stuckierte Ornamentbänder und Kassetten) auf. Der Stuckdekor einheitlich von G. Caroveri. [20/g3]

BERLIN. BEZIRK MITTE. – Zeughaus. Unter den Linden [23, 24]. Geplant unter Kurfürst Friedrich Wilhelm, beg. 1695 von J. A. Nering, fortgeführt von M. Grünberg und dem 1694 aus Warschau berufenen A. Schlüter, voll. 1699–1706 von J. de Bodt (Inschrift über dem Hauptportal). Der erste monumentale Bau des jungen Königreichs Preußen ist ein Waffenarsenal. Rationell der streng quadratische Grundriß, viell. beeinflußt von dem Franzosen F. Blondel; dem Französischen verpflichtet auch der Aufbau, jedoch umgesetzt in die kräftige, ernste Formensprache des norddeutschen Barock. Über dem gequaderten Erdgeschoß das beherrschende Obergeschoß in dorischer Ordnung. Der Giebel über dem betonten ✶ *Mittelrisalit* von 4 Säulen getragen. Die Fassaden des quadratischen Hofes entsprechen den äußeren, sind im Detail aber plastischer. Von überragendem Wert der von Schlüter geschaffene Bauschmuck: Masken sterbender Krieger als Schlußsteine der Hoffenster, Fabelhelme, Medusen und Schilde mit Harpyien über den Fenstern der Außenfronten. Über dem Haupteingang das Bronzerelief des

Bauherrn Friedrich I. von G. Hulot, gegossen von J. Jacobi. Das übrige, wie die 4 allegorischen Frauengestalten (Festungsbau, Meßkunde, Zahlenlehre, Feuerwerkskunst), die Giebelreliefs und mächtigen Waffentrophäen von Hulot, G. G. Weyhenmeyer u. a. Die 3schiffigen Hallen urspr. nur im Erdgeschoß, unter F. Hitzigs Leitung 1877–1880 auch im Obergeschoß gewölbt, dazu Einbau der beiden Hoftreppen. Der 1945 schwer getroffene Bau war seit seiner Wiederherstellung Museum für deutsche Geschichte, seit 1991 unter dem neuen Namen Deutsches Historisches Museum. Die Figuren neben dem südl. Haupteingang wurden aus statischen Gründen 1969 durch Kopien ersetzt. [23/f2]

BERLIN. BEZIRK MITTE. – SOPHIENKIRCHE. Sophienstraße [25]. An der Großen Hamburger Straße der Spandauer Vorstadt erb. 1712 als Stiftung der Königin Sophie Luise. Das Innere 1892 in schlichtem Neubarock verändert. Der stattliche Turm mit Baugliedern aus Sandstein 1723–1734 von J. F. Grael – in seinen schlanken Proportionen und in der Abstufung der Geschosse ein Nachfahre des Schlüterschen Münzturmes und eine vereinfachte Parallele zum Turm der nicht erhaltenen Potsdamer Hof- und Garnisonkirche. Die enge Neubebauung um 1905 taktvoll angelegt mit rahmendem Durchblick auf den schönsten der Berliner Barocktürme. [25/f2]

BERLIN. BEZIRK MITTE. – ST. HEDWIGSKIRCHE [26, 27]. Nach einer Idee Friedrichs II. als Nachbildung des römischen Pantheon entworfen von J. Legeay und beg. 1747, vollendet 1773 von Ph. D. Boumann. Der 5achsige Portikus ist mit Rücksicht auf

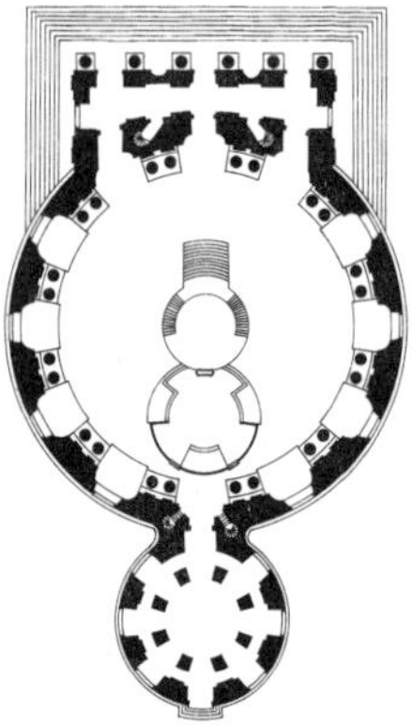

das ehem. Forum Fridericianum nach N gerichtet. Die südl. Rundkapelle voll. 1777/78. Die unfertigen Giebelreliefs erst 1887 von N. Geiger zu Ende geführt. Die langehin einzige kath. Pfarrkirche von Berlin wurde 1929 zur Kathedrale des Bistums Berlin erhoben und durch C. Holzmeister innen verändert. Der Bau brannte 1943 vollkommen aus. 1952–1963 wurde das bar. Äußere wiederhergestellt, das Innere nach Plänen von H. Schwippert modern gestaltet und dabei die urspr. Krypta als Unterkirche durch eine Treppenanlage mit dem Hauptraum verbunden. [26/f3]

BERLIN. BEZIRK MITTE. – STAATSOPER. Unter den Linden 7 [28]. Die Oper wurde als erster der 3 von Friedrich II. geplanten Monumentalbauten des Forum Fridericianum 1741–1743 nach Entwürfen von G. W. v. Knobelsdorff erb. Ein für die Zukunft des Theaterbaues entscheidendes Novum war seine architektonische Unabhängigkeit vom Schloßgebäude. Das Haus wendet seine nördl. Schmalseite als eigentliche Schaufront zu den »Linden«. Ihr korinthischer

Säulenportikus, der an das Pantheon erinnern soll, vermittelt noch den reinsten Eindruck von der klassischen, dennoch leichten und anmutigen Formulierung des frühen friderizianischen Barock. Im übrigen hat der Bau durch den Brand 1843 und die Zerstörung 1945, aber auch infolge theatertechnischer Erfordernisse vielfache Änderungen erfahren. Von den 3 Haupträumen – Festsaal, Theater, Bühne – wurde 1787 das Theater nach Plänen von C. G. Langhans d. Ä. unter Leitung von G. F. Boumann d. J. mit Rängen und ansteigendem Parkett versehen. Beim Wiederaufbau 1952–1955 durch G. F. Paulick wurde das Innere neu gestaltet, der Portikus erhielt 1990 seine urspr. Inschrift wieder zurück. [28/e,f2,3]

BERLIN. BEZIRK MITTE. – HUMBOLDT-UNIVERSITÄT. Unter den Linden 6 [29]. Als Palais für Prinz Heinrich, den Bruder Friedrichs II., 1748–1766 von J. Boumann erb. Knobelsdorffs anfängliche Beteiligung scheint auf die Ausführung keinen direkten Einfluß gehabt zu haben. Dennoch ist die Gliederung der zu den »Linden« geöffneten 3flügeligen Anlage klassizistisch beruhigt. Der Bau wurde seit 1809 für die neu gestiftete Universität eingerichtet. Die N-Flügel 1913–1919 von L. Hoffmann. Die Wiederherstellung des 1945 stark beschädigten Gebäudes 1949 beg. und 1967 abgeschlossen mit der Aufstellung von Attikafiguren des Potsdamer Stadtschlosses auf den Stirnseiten der Flügel. Links vom Mitteleingang des Hofgitters das Marmordenkmal Wilhelm von Humboldts, von M. P. Otto, rechts das von Alexander von Humboldt, von R. Begas, errichtet 1883 auf Initiative R. Virchows. [29/e,f2]

BERLIN. BEZIRK MITTE. – ALTE BIBLIOTHEK. Bebelplatz [30]. Erb. 1774–1780 von Boumann nach Zeichnungen von G. Chr. Unger. Die hochbar. bewegt-malerische Wirkung der Fassade – im Kontrast zu den vorklassizistischen Bauten des ehem. Forum Fridericianum – beruht auf der Übernahme eines Entwurfs von J. E. Fischer von Erlach für den Michaeler Trakt der Wiener Hofburg. Die beiden Obergeschosse zu einer korinthischen Ordnung vereinigt. Im zweiten Weltkrieg weitgehend zerstört, wurde beim Neuaufbau 1967–1969 die Fassade rest. Die vollständige Wiederherstellung mit den Königsemblemen über den Risaliten erfolgte 1991. [30/e2,3]

BERLIN. BEZIRK CHARLOTTENBURG: SCHLOSS CHARLOTTENBURG. Luisenplatz [31–35]. Im Auftrag des Kurfürsten Friedrich III. wurde das Schloß als Sommersitz für seine Gattin Sophie Charlotte 1695 von J. A. Nering beg. Von dem benachbarten Dorf und Gut Lietzow erhielt das Schloß zunächst den Namen Lietzenburg oder Lützenburg, erst nach dem Tode Sophie Charlottes 1705 wurde es in Charlottenburg umbenannt. 1695–1699 entstand der heutige **Mittelbau*, allerdings ohne den Risalit und den Turm. Rechteckbau von 11 Achsen, wovon die 3 Mittelachsen polygonal vortraten, über dem untersten 8ekkigen Mezzaningeschoß des heutigen Turmes saß damals eine flache Kuppel; das Gebäude hat ein rustiziertes Erdgeschoß, darüber ein durch 3/4-Säulen gegliedertes Hauptgeschoß und ein Mezzaningeschoß mit einer Attika. 1698/99 entstand an der Hofseite rechts (östl.) ein isoliert stehendes Nebengebäude, das dann in den heutigen Seitenflügeln aufging. Die

Flügelbauten sowie die Verbindungsbauten zu den Flügeln (des Ehrenhofes der Stadtseite) wurden 1701 bis 1707 durch den Schweden J. F. Eosander (genannt von Göthe) errichtet; derselbe erbaute 1709–1713 auch den Mittelrisalit und den beherrschenden ✳ *Turm* (H = 48 m). Die 1943 zerstörte Kuppel wurde seit 1952 wiederhergestellt; an Stelle der urspr. bekrönenden Figur der Fortuna von A. Heidt wurde die jetzige Figur nach Modell von R. Scheibe als »Wetterfahne« aufgesetzt. Westl. des Mittelbaus wurde ebenfalls von Eosander die 143 m lange Orangerie errichtet. Der Schloßhof wird durch ein schönes Gitter abgeschlossen, den Zugang flankieren 2 reizende Wachhäuschen mit Nachbildungen des borghesischen Fechters. Von den teilweise nach schweren Kriegszerstörungen (1943) wiederhergestellten Innenräumen der Zeit Friedrichs I. besonders hervorzuheben die Kapelle, ein rechteckiger Raum, den ein großes Oberlicht im Gewölbe beleuchtet; seine prachtvollen Schwerpunkte liegen in der Dekoration der Kanzel und vor allem der gegenüberliegenden Königsloge; 1704 bis 1706 nach Entwürfen Eosanders ausgeführt.

Unter König Friedrich Wilhelm I. erfolgten keine weiteren Bauarbeiten am Schloß, wohl aber wieder unter Friedrich II. Er ließ durch G. W. von Knobelsdorff, entsprechend der Orangerie im W, den ✳ *Knobelsdorff-Flügel* im O mit Wohnräumen für sich 1740–1747 erbauen: langgestreckter 2geschossiger Flügel von 39 Achsen mit 5achsigem Mittelbau von klassisch ruhiger Form. In diesem Flügel liegen die Haupträume des Schlosses, der Hauptsaal und die ✳ *Goldene Galerie* mit der noch nicht ganz wiederhergestellten prächtigen Dekoration von J. A. Nahl, voll. 1746. Doch hielt sich Friedrich II. seit 1743 meist in Potsdam auf, erst Friedrich Wilhelm II. bevorzugte wieder Charlottenburg als Residenz. Im Knobelsdorff-Flügel ließ er sich 1788 ein kleines, intimes Kabinett als Sommerwohnung herrichten, das ✳ *Chinesische Zimmer.* Gleichzeitig ließ er 1787–1791 im Anschluß an die Orangerie ein Theater durch C. G. Langhans erbauen. – Das 1943 fast vollständig ausgebrannte Schloß wurde seitdem vorbildlich wiederhergestellt. Im Schloß befinden sich heute Teile der Sammlungen der Staatlichen Museen zu Berlin – Preußischer Kulturbesitz, wie die Galerie der Romantik und das Museum für Vor- und Frühgeschichte.

Im Ehrenhof des Schlosses hat seit 1952 das ✳ *Denkmal des Großen Kurfürsten* Aufstellung gefunden. 1696 begann A. Schlüter die Arbeit am Modell des Reiterstandbildes, der Guß erfolgte 1700 durch J. Jacobi, 1703 wurde das Denkmal auf der Langen Brücke beim (1951 abgebrochenen) Berliner Stadtschloß aufgestellt. Im gleichen Jahr begann die Arbeit an den 4 Sklaven am Sockel nach Entwürfen Schlüters, die Ausführung übernahmen Schüler Schlüters, der Guß erfolgte 1708. Es entstand das bedeutendste Reiterdenkmal seit Donatellos Gattamelata in Padua und Verrocchios Colleoni in Venedig. [31/b2]

BERLIN. BEZIRK TIERGARTEN. – SCHLOSS BELLEVUE. Spreeweg [36]. Im Tiergarten, nordöstl. des Großen Sterns, an der Spree gelegen. 1785/86 von Ph. D. Boumann für den Prinzen Ferdinand von Preußen, den jüngsten Bruder Friedrichs II., erb. Frühklassizistische Ehrenhofanlage mit langem Mitteltrakt von 19 Achsen und $2\frac{1}{2}$ Geschossen mit 3achsigem, giebelbekröntem Mittelrisalit und niedrigeren, ganz schlichten Seitentrakten. Von den Innenräumen der Erbauungszeit konnte als einziger der ovale Festsaal, 1791 von C. G. Langhans, rekonstruiert werden. Hinter dem Schloß erstreckt sich der schöne Bellevuepark. Das Innere 1938, bis auf den ovalen Mittelsaal, völlig umgestaltet; im zweiten Weltkrieg schwer beschädigt, bis 1959 als Berliner Sitz des Bundespräsidenten wiederhergestellt. [36/d2]

BERLIN. BEZIRK CHARLOTTENBURG. – BELVEDERE IM CHARLOTTENBURGER SCHLOSSPARK [37]. Im hinteren Teil des Schloßparks, nahe der Spree gelegen. 1788 von Carl Gotthard Langhans erb.: 3geschossiger frühklassizistischer Bau über ovalem Grundriß mit 4 paarweise gleichen Anbauten und mit geschweiftem Kuppeldach. Für diese Zeit ein überraschend vielfältig und plastisch gestaltetes Bauwerk. Die das Dach bekrönende Bronzegruppe der 3 Putten, die einen Blumenkorb tragen, wurde bei der Wiederherstellung (1956–1960) von K. Bobeck in Anlehnung an die urspr. Plastik geschaffen. – Im Inneren jetzt ein Museum der Berliner Staatlichen Porzellanmanufaktur KPM. [31/b2]

BERLIN. BEZIRK KREUZBERG. – BERLIN-MUSEUM, EHEM. KAMMERGERICHT. Lindenstr. 14/Hollmannstr. [38]. Friedrich Wilhelm I. (»Soldatenkönig«) ließ 1734/35 nach Plänen von Ph. Gerlach das Kollegiengebäude für den Gerichtshof erbauen. Nach schweren Kriegsschäden 1963–1969 außen in alter Form, innen modern als Berlin-Museum wiederhergestellt. Einziges größeres Profangebäude in Berlin aus der Zeit Friedrich Wilhelms I.: Dreiflügelanlage mit »Ehrenhof« zur Gartenseite, die ✱ *Hauptfassade* in 11 Achsen mit 1achsigem, aber architektonisch stark betontem Mittelrisalit und 2achsigen Seitenrisaliten. Auf dem Dreieckgiebel des Mittelrisalits die Allegorien von Justitia und Caritas. [38/f3]

BERLIN. BEZIRK MITTE. – EPHRAIM-PALAIS. Ecke Poststraße/Molkenmarkt [39]. Veitel H. Ephraim – Bankier, Hofjuwelier und Münzpächter Friedrichs II. – ließ sich 1761–1764 das prächtig ausgestattete Palais an der Südwest-Ecke des Nikolai-Viertels nach Entwurf von F. W. Dietrichs errichten. Der abgerundete breite Eckrisalit, am Eingang gepaarte toskanische Säulen mit umlaufendem und mit Putten geschmücktem Balkon, darüber korinthische Pilaster. Aus verkehrstechnischen Gründen 1935/36 abgetragen und seit 1985 mit originalen Schmuckteilen, die im Westteil der Stadt bis 1983 ausgelagert waren, im Zusammenhang mit dem Neubau des Nikolai-Viertels erneut aufgebaut und als Dependance des Märkischen Museums eingerichtet. [39/f2,3]

BERLIN. BEZIRK MITTE. – ERMELER-HAUS. Märkisches Ufer 10 [40]. Das schon im 16. Jh. nachweisbare Patrizierhaus hatte seinen urspr. Standort auf der W-Seite der Breiten Straße und wurde 1966–1969 infolge der Straßenverbreiterung an das Märkische Ufer umgesetzt. Die Fassadenkopie hält sich im wesentlichen an die wohl von F. W. Dietrichs um 1760 entworfene Gestalt mit klassizistischen Veränderungen von 1804 bzw. nach 1825, als der Tabakfabrikant W. Ermeler das Haus übernahm. Neu ist die Erhöhung des Sockels. Der ehem. Charakter der Wohn- und Kontorräume hat der Nutzung als Restaurant weitgehend weichen müssen. Erhalten sind einige repräsentative Ausstattungsstücke, wie z. B. die ✳ *Putten* und das Rokoko-Treppengeländer aus vergoldetem Schmiedeeisen und im Hauptgeschoß einige Deckengemälde. [40/f3]

BERLIN. BEZIRK PANKOW. – SCHLOSS NIEDERSCHÖNHAUSEN. Ossietzkystraße [41]. Der Kernbau, ein Gutshaus des 17. Jh., das 1691 in kurfürstlichen Besitz kam, wurde zuerst von J. A. Nering, dann 1704 von J. F. Eosander erweitert und erhielt 1763/64 durch J. Boumann d. Ä. seine heutige repräsentative Gestalt und Ausstattung. Das Schloß ist ein 3geschossiger Rechteckbau von 13 bzw. 4 Achsen, beiderseits durch einen 3achsigen Mittelrisalit betont, hinter dem sich die Sala terrena, das zweiläufige Treppenhaus und der große Festsaal befinden. Es diente der Königin Elisabeth Christine, der ungeliebten Gemahlin Friedrichs II., als Residenz, dann der Fürstin Liegnitz, der zweiten Gemahlin des Königs Friedrich Wilhelm III., als Witwensitz. Seit 1959 ist es Gästehaus für höchstrangige ausländische Regierungsdelegationen. Der ausgedehnte Schloßgarten wurde 1829–1831 durch P. J. Lenné zum Landschaftspark umgestaltet. [41/f1]

BERLIN. BEZIRK SCHÖNEBERG. – KÖNIGSKOLONNADEN IM KLEISTPARK. Potsdamer Straße [42]. 1777–1780 nach Entwürfen von K. v. Gontard durch G. F. Boumann d. J. als Abschluß der vom Alexanderplatz nach NO in die Georgenvorstadt führenden Königsstraße (jetzt Rathausstraße) errichtet. Die Kolonnaden mußten dem Verkehr weichen und wurden 1910 an die heutige Stelle übertragen, in den früheren Botanischen Garten an der Potsdamer Straße (der heutige Kleistpark bildete 1679 bis 1908 das Mittelstück des alten Botanischen Gartens). Der figürliche Schmuck stammt aus der Werkstatt von W. Chr. Meyer und J. W. Schultze. 1952 und 1955–1958 rest. [42/d4]

BERLIN. BEZIRK LICHTENBERG. – SCHLOSS FRIEDRICHSFELDE. Am Tierpark [43]. Um 1695 ließ B. Raule, Generaldirektor der kurfürstlichen Marine, für sich ein Lusthaus errichten, das aus den 5 mittleren Achsen des überlieferten Baues bestand, der 1719 durch M. H. Böhme um je 3 seitliche Achsen auf die heutige Ausdehnung vergrößert wurde. Als der Herzog Peter von Kurland 1786 das Schloß bezog, wurde es um die beiden Mittelgiebel der von ionischen Kolossalpilastern gegliederten Fassade bereichert. Gleichzeitig erhielt das hochbarocke Innere, möglicherweise nach Entwurf von K. v. Gontard, eine frühklassizistische Umwandlung, der vor allem der ✳ *Festsaal* sein nobles Aussehen verdankt. Bei der umfassenden Rekonstruktion 1970–1981 wurden die Haupträume des Erdgeschosses mit bemalten Leinwand- bzw. Papiertapeten des 18. Jh. aus verschiedenen märkischen Baudenkmalen ausgestattet. Der ehem. Schloßpark, urspr. nach holländischer Art angelegt, erfuhr durch P. J. Lenné um 1821 eine Umgestaltung zum Landschaftspark unter Beibehaltung der Mittelachse und des Kanalsystems. Seit 1954 als Tierpark genutzt. [43/g3]

BERLIN. BEZIRK MITTE. – BRANDENBURGER TOR [44, 45]. An der Stelle eines bar. Stadttores westl. der »Linden« errichtete C. G. Langhans 1789–1791 nach Motiven der Propyläen in Athen das Brandenburger Tor – sein bedeutendstes Werk und das erste monumentale des Berliner Klassizismus. Dorische Säulen bilden 5 Durchgänge. Der Architrav hat an allen Seiten Metopen, die Kämpfe zwischen Lapithen und Kentauren darstellen, z. T. nach G. Schadows Entwürfen. Von Chr. B. Rode die Reliefs in den Durchgängen (Heraklessage) und das Attikarelief mit dem Zug der Friedensgöttin. Das Ganze bekrönt von dem über 6 m hohen ✶ *Viergespann der Viktoria*, nach einem Modell von Schadow in Kupfer getrieben von F. Jury und Köhler, 1793 aufgestellt. Bei der Beseitigung der Stadtmauer 1868 Anbau der offenen Säulenhallen von J. H. Strack. Das 1945 stark beschädigte Tor wurde 1956/57 wiederhergestellt und die Quadriga erneuert, jedoch ohne die 1814 auf Vorschlag Schinkels angebrachten preußischen Embleme. Diese 1991 wieder erneuert nach dem Fall der Berliner Mauer. Originalteile der Metopen in den Staatlichen Museen, der Quadriga im Märkischen Museum. [44/e2,3]

BERLIN. BEZIRK ZEHLENDORF: WANNSEE. – SCHLOSS AUF DER PFAUENINSEL [46, 47]. Die Pfaueninsel ist eine ca. 1500 × 500 m große Insel in der Havel. Friedrich Wilhelm II. ließ hier, nahe der SW-Spitze, für seine Geliebte, die Gräfin Lichtenau, und sich 1794–1797 von dem Potsdamer Hofzimmermeister Brendel ein sommerliches Lustschloß im romantischen Ruinenstil erbauen. Das kubische ✶ *Äußere* mit Holzverkleidung und mit aufgemalten Quaderfugen, die urspr. hölzerne Brücke 1807 durch die heutige eiserne ersetzt, ein frühes Erzeugnis der Berliner Eisengießerei. Die Innenräume sind mit ihrer weitgehend erhaltenen klassizistischen Originalausstattung von besonderer Bedeutung. Im Obergeschoß liegt zwischen den beiden mit Holzbohlenverschalung versehenen Türmen der ✶ *Große Saal*; Fußboden und Wände bestehen aus verschiedenen wertvollen Hölzern, in der Mitte der Kassettendecke mythologische Gemälde von J. Chr. Frisch. – Das Schloß wurde 1974/75 rest. [46/a4]

BERLIN. BEZIRK ZEHLENDORF: WANNSEE. – MEIEREI AUF DER PFAUENINSEL [48]. Am nördl. Ende der Insel um 1795 (wie das Schloß) vom Potsdamer Hofzimmermeister Brendel erb., eine künstliche Ruine in phantastischen got. Formen: mächtiger 3achsiger Turm und ein 4 Achsen langes Gebäude, urspr. weiß verputzt. Der von Ph. D. Boumann entworfene Saal zeigt eine Ausmalung des Theatermalers Bartolomeo Verona und Stuck von Constantin Ph. G. Sartori. [46/a4]

BERLIN. BEZIRK MITTE. – DEUTSCHE UND FRANZÖSISCHE KIRCHE, SCHAUSPIELHAUS. Gendarmenmarkt [49–51]. Es gibt in Berlin keine andere historische Baugruppe von einer derart geschlossenen und einheitlichen künstlerischen Wirkung wie die auf dem Gendarmenmarkt. Den Anfang bildete ein Marktplatz, der für die 1688 gegr. Friedrichstadt angelegt wurde. Auf seiner S-Seite, wo sich auf dem urspr. Festungsglacis bereits der sog. Schweizer Friedhof befand, entstand 1701–1708 nach Plänen von

M. Grünberg die Kirche der reformierten und lutherischen Gemeinde, ein 5eckiger Zentralbau mit Apsiden an allen Seiten. Zu gleicher Zeit, 1701 bis 1705, wurde an der N-Seite des Marktes die für die 1672 gegr. französische reformierte Gemeinde bestimmte Kirche von L. Cayart und A. Quesnays erb. Sie ist ein Rechteckbau in N-S-Richtung mit halbrunden Konchen vor den Schmalseiten (Umbauten 1905 durch O. March). Auf Veranlassung Friedrichs II. erhielten diese etwas anspruchslosen Bethäuser 1781–1785 Kuppeltürme an ihrer O-Seite nach Entwürfen von K. v. Gontard, ausgeführt von G. Chr. Unger. Vorbild waren viell. die symmetrischen Kuppelkirchen an der Piazza del Popolo in Rom. An den 3 freien Seiten korinthische Säulenhallen mit Giebeln, auf quadratischem Unterbau die Türme, ihre hohen Trommeln eingefaßt von einem Kranz korinthischer Säulen, über die Attika hinausragend nochmals eine Trommel, auf der die parabolische Kuppel ruht. Der reiche figürliche Schmuck an der Deutschen Kirche nach Entwürfen von Chr. B. Rode, an der Französischen von D. Chodowiecki. Der weite Platz mit seiner einförmigen Umbauung hatte nun in den Kuppeltürmen 2 gleichwertige Dominanten, die aber erst durch einen vermittelnden Baukörper zueinander in Beziehung treten konnten. Diese Funktion sollte das Schauspielhaus übernehmen. Schon F. Gillys Bebauungsplan von etwa 1798 sah für den Neubau einen kubischen Körper vor, die Hauptfront nach O, den Standort zwar zwischen den beiden Kirchen, aber genügend weit nach W gerückt, um ihre Kuppeltürme frei zur Geltung kommen zu lassen. Diese Konzeption rief bedeutsame Wirkungen auf das Ordnungsgefüge des Freiraumes hervor. Der gesamte Platz erhielt nicht nur eine ausgeprägte östl. Hauptschauseite, sondern wurde selber nochmals in mehrere Platzräume unterteilt, von denen der mittlere wie ein Ehrenhof von den Bauten 3seitig umschlossen, nach O aber geöffnet war. Schließlich rückten die beiden unscheinbar gewordenen Kirchen an die hintere westl. Platzfront, ohne dabei ihre raumgliedernde Funktion einzubüßen. – Etwa in der Mitte des Platzes stand das französische Komödienhaus, erb. 1774–1776. Es wurde erst abgerissen, als das neue Nationaltheater westl. davon 1801 voll. war. Dieser von C. G. Langhans d. Ä. errichtete Bau brannte 1817 ab. Teile davon, bes. der östl. Portikus, wurden in den 1818 von Schinkel beg. Neubau übernommen. Eröffnung 1821. Zwischen den hochragenden Kuppeltürmen bildet das Schauspielhaus die ausgleichende, mehr waagerecht gelagerte Verbindung, in sich selbst zu feierlicher Höhe gesteigert durch die breite Freitreppe mit dem Portikus, den wiederum der mächtige Giebel des Theatersaales überragt. Der Bauschmuck nach Entwürfen und Skizzen Schinkels modelliert von Chr. F. Tieck. – Alle 3 Bauten 1945 schwer beschädigt. Die Wiederherstellung beg. 1967 mit der Sicherung des Schauspielhauses. Dieses wurde 1984 als Konzerthaus wiedereröffnet. Ebenfalls wieder in Benutzung ist die Französische Kirche, im Turm ist das Hugenottenmuseum untergebracht. Die Deutsche Kirche geht dem Ende der Wiederherstellung entgegen. Auf der Platzmitte das Schiller-Denkmal von R. Begas, 1880.

[49–51/e3]

BERLIN. BEZIRK CHARLOTTENBURG. – MAUSOLEUM IM CHARLOTTENBURGER SCHLOSSPARK [52, 53]. 1810–1812 nach einer Idee Friedrich Wilhelms III. (nach Idealentwurf Schinkels) anläßlich des Todes der Königin Luise als schlichtes Grufthaus errichtet; das Innere nach Plan von H. Gentz. Die urspr. Vorhalle mit 4 Sandsteinsäulen wurde 1828/29 auf die Pfaueninsel übertragen und durch die heutige Vorhalle aus rotem Granit ersetzt. 1841/42 durch L. F. Hesse, nach Entwurf Schinkels, vergrößernder Anbau an der Rückseite, nochmalige Vergrößerung 1890/91 durch A. Geyer. Der ✱ *Prunksarkophag* der Königin Luise von Chr. D. Rauch, 1811–1814, ist ein Hauptwerk der deutschen Skulptur des 19. Jh. [31/b2]

BERLIN. BEZIRK MITTE. – NEUE WACHE. Unter den Linden [54]. 1816 bis 1818 von Schinkel erb., nach seinen eigenen Worten einem römischen Castrum nachgebildet. Einfacher Kubus mit Front zu den »Linden«, offene Vorhalle mit dorischen Säulen, das Giebelrelief – Nike mit Kämpfenden – 1842 von A. Kiß nach Schinkels Entwurf voll. 1930 wurde ein Wettbewerb zur Umgestaltung der Wache in ein Ehrenmal für die Gefallenen des Krieges 1914–1918 ausgeschrieben, an dem sich namhafte Architekten wie P. Behrens, E. Blunck, L. Mies van der Rohe und H. Poelzig beteiligten. H. Tessenow erhielt den Auftrag und wandelte das Innere in einen einzigen feierlichen Raum um, mit rundem Oberlicht und einem großen Monolith aus schwarzem schwedischem Granit in der Raummitte. Der 1945 stark beschädigte Bau wurde seit 1957 wiederhergestellt und 1969 nochmals verändert. Seitdem ist er Ehrenmal für die Opfer des Faschismus und Militarismus. [54/f2]

BERLIN. BEZIRK REINICKENDORF. – SCHLOSS TEGEL. Karolinenstr. [55]. H. Bredtschneider, Hofsekretär Kurfürst Joachims II., ließ an der N-Spitze des Tegeler Sees um 1550 ein stattliches Landhaus errichten; es steckt als Kern noch im heutigen Schloß (O-Seite). 1766 gelangte es in den Besitz der Familie von Humboldt. Wilhelm und Caroline von Humboldt ließen das Landhaus 1820–1824 durch K. F. Schinkel zur heutigen Gestalt umbauen: 2½geschossiger, rechteckiger Bau mit 4 schweren, quadratischen Ecktürmen; alles in klaren kubischen Formen. An den Ecktürmen oben Reliefs mit der Darstellung der 4 Winde (nach dem Turm der Winde in Athen) aus der Werkstatt von Chr. D. Rauch. An der Hauptfassade (W) seitlich oben und unten in Nischen Kopien berühmter antiker Statuen (1836 aufgestellt). Auch das Innere war so angelegt worden, um die Sammlung antiker Skulpturen und Gipsabgüsse aufzunehmen, so besonders der Antikensaal, der Hauptsaal des Obergeschosses. – Im Schloßpark befindet sich u. a. das Erbbegräbnis der Familie Humboldt, 1829 von Schinkel entworfen, auf der Granitsäule die Figur der Hoffnung von B. Thorvaldsen, 1817. Das Schloß ist als Privateigentum der Öffentlichkeit nicht zugänglich. [55/d1]

BERLIN. BEZIRK MITTE. – FRIEDRICHSWERDERSCHE KIRCHE. Werderstraße, am ehem. Werderschen Markt [56, 57]. Im Stil der Neugotik 1824–1830 als Backsteinbau errichtet von K. F. Schinkel. Die Kirche, deren Turmfront sich aus städtebaulichen

Gründen ausnahmsweise nach S richtet, ist ein Saalbau mit Strebepfeilern, die über dem betont breiten und durchbrochenen Fries in Fialen endigen. Das flache Satteldach ist nicht sichtbar, so daß die Vertikalgliederung im klassizistischen Sinne weitgehend eliminiert wird. Dem gleichen Gestaltungsprinzip folgt die S-Fassade mit den aus Würfeln aufeinandergesetzten helmlosen Türmen. Die Wiederherstellung des 1945 beschädigten Baues wurde Ende der 80er Jahre abgeschlossen mit der Einrichtung des Inneren als Schinkel-Museum. – Die Bedeutung der Werderschen Kirche besteht darin, daß sie nach den sporadischen Ansätzen zur Wiederbelebung der Gotik im 18. Jh. eine kontinuierliche und den Kirchenbau bis zur Schwelle des 20. Jh. bestimmende Herrschaft der backsteinernen Neugotik einleitete. In dem Bau wird auch das zeitweilige Bestreben Schinkels deutlich, Klassizismus und Neugotik miteinander zu verschmelzen. [57/f2,3]

BERLIN. BEZIRK MITTE. – ALTES MUSEUM. Am Lustgarten [58, 59]. 1825 beg., als erstes der Berliner Museen 1830 eröffnet. Das populärste unter K. F. Schinkels Werken. Die Hauptfront 87 m lang, mit einer von 18 ionischen Säulen getragenen Vorhalle, zu der eine breite Freitreppe hinaufführt, auf ihren Wangen rechts kämpfende Amazone 1842 von A. Kiß, links Löwenbändiger, 1854–1856 von A. Wolff. Über dem breiten Hauptgesims mit Inschrift sandsteinerne Adler und Eckfiguren. Der überhöhte Mittelbau, der die Rotunde aufnimmt, von 4 Kolossalgruppen aus Eisen- bzw. Zinkguß eingefaßt, vorn die Rossebändiger vom Monte Cavallo in Rom, Nachbildungen von Chr. A. Tieck 1827/28, hinten Pegasusgruppen, entworfen von H. Schievelbein und H. Hagen. Die Mitte der Vorhalle zum Vestibül erweitert, mit doppelläufiger Treppe, auf dem Gang oben die Kopie der antiken Warwick-Vase. Das Bronzetor zwischen den Treppenläufen

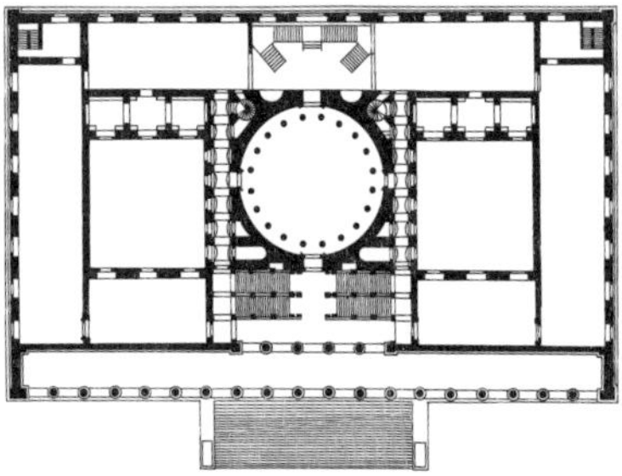

von F. A. Stüler entworfen, von Wolff modelliert und 1861 eingebaut. Die Gesamtanlage bildet gleichsam nur die Hülle für die ✳ *Rotunde* in der Mitte, einen dem Pantheon nachgebildeten Kuppelsaal mit einer Galerie, die von 20 Kompositsäulen getragen wird. Die Kuppel durch Kassetten in 4 Zonen gegliedert mit großem, rundem Oberlicht. Wiederherstellung des durch Bomben beschädigten und völlig ausgebrannten Baues ab 1951, wiedereröffnet 1966. Die Fresken in der Vorhalle, nach Schinkels Entwurf unter Leitung von P. Cornelius 1842–1847 entstanden, sind verlorengegangen (der jetzige Zustand entspricht dem vor 1841), ebenso die Malereien im Vestibül, deren Decke nach kolorierten Schinkel-Zeichnungen rekonstruiert wurde. Die Kassettenbilder in der Rotunde rest. im urspr. Sinne. Die übrigen Ausstellungsräume modern. [58/f2]

BERLIN. BEZIRK CHARLOTTENBURG. – SCHINKEL-PAVILLON IM CHARLOTTENBURGER SCHLOSSPARK [60]. Neben dem Knobelsdorff-Flügel des Schlosses ließ Friedrich Wilhelm III. 1824/25 für sich und seine zweite Gemahlin Auguste Fürstin von Liegnitz von K. F. Schinkel ein kleines Sommerhaus errichten. Es sollte der Villa Chiatamone ähnlich sein, die er 1822 in Neapel bewohnt hatte. 2geschossiger, kubischer Bau mit Loggien und ringsumlaufendem Balkon. Der nach Kriegsschäden 1957 bis 1970 wiederhergestellte Bau beherbergt ein Museum für Kunst und Kunstgewerbe der Schinkel-Zeit. [31/b2]

BERLIN. BEZIRK ZEHLENDORF: WANNSEE. – SCHLOSS UND PARK KLEIN-GLIENICKE [61, 62]. Schöner, großer Park am Havelufer (bzw. Jungfernsee), ungefähr auf der Fläche eines gleichseitigen Dreiecks, nördl. von der Königstraße, die Wannsee und Potsdam verbindet (Glienicker Brücke). Der Arzt Dr. Mirow kaufte das Gelände 1747 und erbaute sich dort 1764 ein Wohnhaus (an der Stelle des heutigen Schlosses). 1814 erwarb Fürst Hardenberg den Besitz und ließ das Haus umbauen. 1824 kam es in den Besitz des Prinzen Karl von Preußen (1801–1883), auf den die heutigen vielfältigen Bauten und Anlagen des Berliner Klassizismus und der Romantik (von K. F. Schinkel, später von L. Persius und F. v. Arnim) zurückgehen. Alles diente im wesentlichen 2 Aufgaben: als Sommersitz für den Prinzen und zur Aufnahme seiner bedeutenden Kunstsammlung. 1824/25 errichtete Schinkel zunächst durch Umbau aus einem kleinen Billardhaus das ✱*Kasino* am Ufer des Jungfernsees: ein 2geschossiges Antiquarium mit Terrassen und seitlich langgestreckten Pergolen. – Das eigentliche Schloß, ein breit gelagerter, urspr. 1geschossiger Kubus, entstand 1825–1828 von Schinkel als Umbau eines frühklassizistischen Landhauses von A. L. Krüger; 1844 von Persius um 1 Geschoß erhöht. – Von den weiteren Bauten, die hier nicht alle beschrieben werden können, verdient vor allem die ✱*Große Neugierde* Beachtung. An der SW-Ecke des Parkes, nahe der Glienicker Brücke, steht dieser 1835–1837 von Schinkel erbaute Säulenrundbau, der als Aussichtsplatz dient. Über der offenen Säulenhalle sitzt ein kleinerer, schlanker Zylinder mit Halbsäulengliederung und dem Dreifuß darauf, eine Nachbildung des Lysikrates-Monuments in Athen (334 v. Chr.). – Schloß und Park wurden 1934 und 1939 von der Stadt Berlin erworben, seit 1951 dient das Schloß als Erholungsheim und Hotel. [61/a4]

BERLIN. BEZIRK MITTE. – EHEM. SINGAKADEMIE. Am Festungsgraben 2 [63]. Der nach 1950 als Maxim-Gorki-Theater eingerichtete Bau im Kastanienwäldchen hinter der Neuen Wache wurde 1827 von K. Th. Ottmer für die von Goethes Freund Karl Friedrich Zelter geleitete Singakademie erb. Sie war einer der Mittelpunkte des Berliner Kultur- und Geisteslebens im 19. Jh. Alexander von Humboldt hielt hier seine Kosmos-Vorlesungen. [63/f2]

BERLIN. BEZIRK WEDDING. – PAULSKIRCHE. Badstr./Pankstr. [64]. Eine der 4 Vorstadtkirchen Schinkels in Berlin, 1832–1834 von K. F. Schinkel erb.; 1885 Anbau der Sakristei, 1889/90 Anbau des Turmes; nach Kriegszerstörungen 1957 wiederhergestellt. Urspr. turmloser Saal in klassizistischen Formen, die ∗ *Fassade* mit 4 korinthischen Pilastern und Giebel. [64/e1]

BERLIN. BEZIRK MITTE. – DENKMAL GERHARD J. D. VON SCHARNHORST. Unter den Linden [65]. Das Werk gehört zu einer Gruppe von urspr. 5 Standbildern der Feldherren aus den Freiheitskriegen, sämtlich von Chr. D. Rauch, 1819–1822 (unter Mitwirkung von K. F. Schinkel) und 1853–1855. Das Marmorstandbild Scharnhorsts zählt wie das für den General von Bülow zu den frühesten Arbeiten dieser Gruppe. Urspr. neben der Neuen Wache, jetzt auf dem Opernplatz gegenüber aufgestellt. Die überlebensgroße Gestalt in zeitgenössischer Tracht, aber klassisch idealisiert. Realistische und mythologische Inhalte durchdringen sich in eigenwilliger Auffassung auf den szenischen Darstellungen des Sockelreliefs. [65/f2,3]

BERLIN. BEZIRK MITTE. – DENKMAL FRIEDRICHS D. GR. Unter den Linden [66]. Das Hauptwerk von Chr. D. Rauch, 1839–1851. Der wesentlich architektonische Aufbau und seine Maße sind abgestimmt auf die Bauten des Forum Fridericianum. Dort Unter den Linden sein Standort nach interimistischer Aufstellung in Potsdam 1962 bis 1980. In der Hauptzone des Sockels Darstellungen von Persönlichkeiten aus der Zeit Friedrichs II., vollplastisch und als Reliefs. Die schmalere Zone darüber flächig, mit Szenen aus dem Leben des Königs und der Darstellung von 4 Tugenden. Als Bekrönung das Reiterstandbild des Königs. Das ganze Denkmal etwa 14 m hoch. [66/e2]

BERLIN. BEZIRK CHARLOTTENBURG. – ANTIKENMUSEUM. Schloßstraße 1 [67]. Gegenüber vom Charlottenburger Schloß liegen an der Schloßstraße einander gleiche Eckgebäude, die 1845 von F. A. Stüler nach Angaben von Friedrich Wilhelm IV. als Gardekasernen geplant und 1851–1859 erb. wurden. Der westl. Bau nimmt seit 1960 die Antiken-Abteilung der Staatlichen Museen zu Berlin – Preußischer Kulturbesitz, der östl. das Ägyptische Museum auf. Der aufgesetzte »Monopteros« dient als Oberlicht für das zentrale runde, durch alle Geschosse reichende Treppenhaus. [67/b2]

BERLIN. BEZIRK MITTE. – NEUE SYNAGOGE. Oranienburger Straße 30 [68]. Der 1859 von E. Knoblauch beg. und 1866 von F. A. Stüler voll. Bau ist das weithin bedeutendste Beispiel des maurischen Stils, der sich u. a. in der pittoresken Gestaltung der Fassade ausdrückt: Über dem Unterbau aus mehrfarbigen Steinen erhebt sich ein gewaltiger zwölfseitiger Tambour mit gerippter Kuppel ganz in Gold, begleitet von minarettartigen Seitentürmen, die ebenfalls von goldenen Kuppeln bekrönt werden. Der Bau 1943 schwer beschädigt. Die Wiederherstellung der Fassade 1991 abgeschlossen, das einst überaus prachtvolle Innere noch ruinös. [68/f2]

BERLIN. BEZIRK MITTE. – NATIONALGALERIE. Museumsinsel [69, 70]. Von F. A. Stüler entworfen nach einer Idee Friedrich Wilhelms IV., ausgeführt von J. H. Strack 1866–1876. Inmitten eines von dorischen Säulenhallen begrenzten Gartenplatzes der Bau auf hohem Sockel als korinthischer Tempel mit Vorhalle und Apsis. Die doppelläufige Freitreppe vor der S-Fassade mit dem Reiterbild Friedrich Wilhelms IV. von A. Calandrelli, rest. 1962/63, Skulpturen von M. Schulz, Calandrelli und J. Moser. Das Innere, urspr. nach Stracks Entwurf, mehrfach verändert. Aus der nach der Zerstörung von 1945 abgetragenen Dorotheenstädtischen Kirche stammt das jetzt in der Nationalgalerie in Berlin aufbewahrte erste bedeutende Werk G. Schadows, das * *Wandgrab* des Grafen Alexander von der Mark, voll. 1790. Der 1787 im Alter von 9 Jahren Verstorbene war der Sohn Friedrich Wilhelms II. und der Gräfin Lichtenau. Seine Figur schlafend auf dem Sarkophag. Auf dem Relief Hades, der den Knaben der Minerva entreißt und ihn in die Unterwelt entführt, oben, an der Wand, in einer Nische die 3 Parzen. Die Figuren aus weißem carrarischem Marmor, das übrige aus schlesischem Marmor in Grau und Rot. Das Werk bezeugt eine entschiedene Abkehr vom Rokoko und eine im Vergleich zur französischen Antikenrezeption gefühlvollere und natürlichere Note des norddeutschen Frühklassizismus. [69/f2]

BERLIN. BEZIRK WILMERSDORF. – EHEM. JOACHIMSTHALSCHES GYMNASIUM. Bundesallee 1–12 [71]. Das 1607 von Kurfürst Joachim Friedrich als Fürstenschule gegr. Gymnasium in Joachimsthal wurde 1650 nach Berlin verlegt; 1912 nach Templin verlegt. Nach Entwurf von J. H. Strack 1875 wurde das Berliner Gymnasium 1876–1880 von Jacobsthal und Giersberg erb. Sehr schöner, repräsentativer Bau in spätklassizistischen Formen (ital. Renaissance) der Schinkel-Nachfolge in Sandstein-Ziegelbauweise. Langgestreckte * *Fassade* vor vorgelegtem, offenem Arkadengang im Erdgeschoß und zurückgesetztem Obergeschoß; 3achsiger, giebelbekrönter Mittelrisalit mit den Figuren von Platon (Kunst) und Aristoteles (Wissenschaft). Heute u. a. Musikinstrumenten-Museum. [71/c3,4]

BERLIN. BEZIRK TIERGARTEN. – SIEGESSÄULE auf dem Großen Stern [72]. 1869–1873 nach Entwurf von J. H. Strack (seit 1864) als Denkmal der Kriege von 1864, 1866 und 1870/71 errichtet (H = urspr. 61,5 m, jetzt 68 m). Auf einer Stufenplattform steht ein hoher, quadratischer roter Granitsockel, der einen Rundbau mit 16 Säulen trägt, darüber die große Sandsteinsäule, die mit vergoldeten, erbeuteten Geschützrohren geschmückt ist; die obere Plattform wird von 8 steinernen Adlern getragen, darauf steht die vergoldete bronzene Siegesgöttin (H = 8,3 m), ein Werk von F. Drake. Im Säulenrundbau ein Historienfries von A. v. Werner, 1875 in Glasmosaik von Salviati ausgeführt. – Die ehem. Siegesallee mit 32 Marmorstandbildern der Fürsten, Könige und Kaiser des Hauses Brandenburg-Preußen (1895–1901 von R. Begas u. a.) führte vom Kemperplatz auf die Siegessäule am Königsplatz. Nach der 1938 von A. Speer geplanten Nord-Süd-Achse wurde die Siegessäule an die heutige Stelle versetzt (dabei um eine weitere Säulentrommel = 6,5 m erhöht); die Siegesallee (mit den Skulpturen) wurde in die Große Sternallee versetzt; die kriegsbeschädigten Figuren wurden 1947 auf Beschluß der Alliierten beseitigt und sind denkmalpflegerisch deponiert. [72/d3]

BERLIN. BEZIRK MITTE. – BERLINER RATHAUS. Rathaus-, Spandauer; Jüdenstraße [73]. An die Stelle des um 1270 erb. Rathauses, das den Bedingungen einer Großstadt längst nicht mehr gerecht werden konnte, trat 1861–1968 ein Neubau nach Plänen von H. F. Waesemann. Die gewaltigen Dimensionen und die Gestaltung dieses Baues knüpfen an Beispiele an, die im deutschen Mittelalter und in der italienischen Ren. Ausdruck selbstbewußten Bürgertums gewesen waren. Der quadratische, betont gelagerte Komplex findet in dem 74 m hohen Turm über der Mitte des nördl. Hauptflügels eine weithin sichtbare Dominante. Das Material – roter Klinker mit Sandsteingliederungen – hat im Volksmund das Haus zum »Roten Rathaus« werden lassen. Unter Leitung A. Calandrellis (Mitwirkung O. Geyer, L. Brodwolf, R. Schweinitz) entstand der Terrakottafries, die »steinerne Chronik von Berlin«. Die Spuren der Zerstörung von 1945 beseitigt 1952–1958. Seit 1991 Sitz des Regierenden Bürgermeisters von Berlin. [73/f2]

BERLIN. BEZIRK MITTE. – NEPTUNBRUNNEN [74]. 1891 von R. Begas, einem Hauptvertreter des pathetischen Neubarock in Berlin. Urspr. Standort vor der S-Fassade des Stadtschlosses. Im Krieg beschädigt, wieder aufgestellt 1969 im Achsenschnittpunkt Rathaus – Fernsehturm. Das Ganze inspiriert teils von Berninis Vierströmebrunnen in Rom, teils vom Latonabekken im Park von Versailles und dem Mehlmarktbrunnen von G. R. Donner in Wien. Im Zentrum, auf einer gewaltigen Muschel thronend, der Meeresgott. Die vier weiblichen Figuren auf dem Beckenrand symbolisieren die Flüsse Rhein, Weichsel, Elbe und Oder. [74/f2]

BERLIN. BEZIRK MITTE. – REITERSTATUE DES HL. GEORG. Burgstraße [75]. Das Bronzedenkmal, gegossen 1855 in Lauchhammer, wurde 1865 als Geschenk seines Schöpfers A. Kiß an den König im Ersten Hof des Berliner Stadtschlosses aufgestellt, kam 1951 nach dessen Beseitigung in den Volkspark Friedrichshain und im Zusammenhang mit dem Neubau des Nikolai-Viertels in den 80er Jahren an den heutigen, viel markanteren Standort. Dargestellt ist der Kampf des Reiters mit dem Drachenungeheuer im Moment des höchsten dramatischen Affekts – ein biblisches Thema seit der mittelalterlichen Bildkunst. [75/f2]

BERLIN. BEZIRK TIERGARTEN. – NATIONALDENKMAL FÜR DEN FÜRSTEN BISMARCK am Großen Stern [76]. 1897–1901 von R. Begas geschaffen, urspr. vor dem Reichstag aufgestellt, 1938 an die heutige Stelle (nördl. vom Großen Stern, zwischen Altonaer Straße und Spreeweg) versetzt. Auf dem hohen Postament Bismarck (H = 6,60 m) im Kürassierrock, auf dem Unterbau 4 Bronzegruppen: vorn Atlas, links die Staatsweisheit auf der Sphinx, rechts die Staatsgewalt, den Panther des Aufruhrs bezwingend, hinten Siegfried als Schmied des Reichsschwertes. [76/d2,3]

BERLIN. BEZIRK KREUZBERG. – GROPIUS-BAU. Niederkirchnerstraße [77]. Das ehem. Kunstgewerbemuseum (an der früheren Prinz-Albrecht-Straße) wurde 1877 bis 1881 von M. Gropius und H. Schmieden erb.: 3geschossiger Ziegelkubus (ca. 70 m), einer der wenigen erhaltenen Bauten der jüngeren Schinkel-Schule, in Anlehnung an Schinkels (zerst.) Bauakademie. Über einem Granitsokkel zwei Hauptgeschosse in Ziegelbauweise, das 3. Geschoß mit Dreifenstergruppe im Wechsel mit Majolika-Platten wirkt wie ein Triglyphon. Gesimse trennen die Geschosse und schließen den Bau oben ab. Reliefs aus Terrakotta von R. Siemering, L. Brunow und O. Lessing, Glasmosaiken von E. Ewald und E. Geselschap. Glasgedeckter Innenhof mit schlanken Pfeilerarkaden. Der Bau dient wieder zu Ausstellungszwecken. [77/e3]

BERLIN. BEZIRK TIERGARTEN. – REICHSTAGSGEBÄUDE am Platz der Republik [78]. Aus einem Wettbewerb 1882 wurde der Entwurf von P. Wallot zur Ausführung bestimmt, 1884–1894 im wilhelminischen Stil (Neubarock) erb.; ein großer, voluminöser (137 × 97 m), aber doch geschlossen wirkender Bau der Gründerzeit. 1933 durch Brandstiftung schwer beschädigt, erneute schwere Schäden 1945; 1957–1961 Sicherung der Architektur; 1961–1972 nach Plänen von P. Baumgarten (innen verändert, außen ohne die Kuppel und ohne die Skulpturen) wiederhergestellt. [78/e2]

BERLIN. BEZIRK MITTE. – DOM [79–81]. Anstelle des friderizianischen Domes, den K. F. Schinkel 1817–1822 umgestaltet hatte, entstand 1893–1905 nach Plänen von J. Raschdorff der neue Dom in dem pompösen Neubarock der Wilhelminischen Ära, im Grundriß und Aufbau ein St. Petersdom des protestantischen Nordens. Die Zerstörungen von 1945 sind am Äußeren behoben, jedoch nach Abtragung des N-Anbaues und mit erheblich vereinfachten Kuppeln über der Mitte und auf den 4 Ecktürmen. Unbeschadet der meist negativen Einstellung unseres Jh. wächst seine Bedeutung als monumentales Zeugnis des Historismus in dem Maße, wie der Dekor an den meisten Bauten der Gründerzeit verlorengeht. In der Domgruft sind etwa 90 Sarkophage aufbewahrt. Zu den hervorragendsten zählen der urspr. in der Klosterkirche Lehnin aufgestellte und 1750 nach Berlin überführte Sarkophag des Kurfürsten Johann Cicero aus der Werkstatt Peter Vischers, signiert von Johannes Vischer und dat. 1530, sowie einige von Schlüters Hand, z. B. die ✶ *Prachtsarkophage* des Königs Friedrich I., der Königin Sophie Charlotte und des Prinzen Friedrich Ludwig. [79/f2]

BERLIN. BEZIRK MITTE. – MÄRKISCHES MUSEUM. Am Köllnischen Park 5 [82]. An dem 1891 ausgeschriebenen Wettbewerb für den Bau eines märkischen Provinzialmuseums beteiligten sich 76 Architekten, 1898 fiel die Entscheidung für das Projekt von L. Hoffmann, 1901 bis 1907 wurde das Museum nach seinen Plänen erb. Der Komplex umfaßt 6 Gebäudeteile, die 2 Höfe umschließen. Im einzelnen sind es Nachbildungen von got. und Ren.-Bauten der Mark, ihre verschachtelte Komposition zielt auf bewegte Überschneidungen ab. Der Köllnische Park und das Spree-Ufer bilden den landschaftlichen Rahmen, um die malerisch-romantische Wirkung des Baues zu steigern. Die Schäden von 1945 sind bis auf das zur Spree gerichtete, spätgotische Giebelhaus behoben. [82/f3]

BERLIN. BEZIRK MITTE. – STADTHAUS. Zwischen Juden- und Klosterstraße [83]. Zur Entlastung des Rathauses wurde das Stadthaus als neues Verwaltungsgebäude 1902–1911 nach Plänen von L. Hoffmann erb. Sein

Grundriß bildet ein dem Trapez angenähertes Viereck und umschließt 5 Höfe, im Kern die Stadthalle. Der Wille zur Repräsentation bestimmt die Ausbildung des Äußeren und Inneren. Die Verkleidung aus Muschelkalkstein, über dem hohen rustizierten Sockel eine barockisierende Kolossalordnung, beherrschend der auf den W-Flügel gesetzte 101 m hohe runde Turm mit 2 Säulengeschossen und einer parabolischen Kuppel – eine Wiederbelebung von K. v. Gontards Turmgestaltungen in Potsdam und Berlin. Die Skulpturen am Turm verkörpern Bürgertugenden. Die Bauplastik von I. Taschner, G. Wrba, W. Widemann, J. Rauch und F. Naager. Das Attikageschoß und das Walmdach anstelle des urspr. Mansarddaches 1960/61. [83/f2]

BERLIN. BEZIRK MITTE. – STADTGERICHT BERLIN-MITTE. Littenstraße 13–17 [84]. Erb. 1896–1905 von R. Mönnich, P. Thoemer und O. Schmalz, der den Hauptanteil an der künstlerischen Form des Gebäudes hatte. Der riesige Komplex urspr. symmetrisch angelegt mit 11 Höfen. Durch Beschädigungen 1945 seiner Ecktürme und Aufbauten beraubt, wurde bei der Rest. auch die Ornamentik der Fassaden und Portale vereinfacht. Im Zuge der Verbreitung der Grunnerstraße wurde 1968/69 der N-Flügel abgetragen. In urspr. Gestalt erhalten geblieben ist das monumentale ✱ *Treppenhaus* im westl. Trakt. Schon im Grundriß der Jugendstil erkennbar an den eigenartig verfließenden Linien, vor allem aber am Aufbau, der durch die Beimengung von Stilelementen der böhmischen Barockgotik zu einem phantasievoll bewegten Raumgebilde wird. Der Bau ist Vorbild für weitere Berliner Gerichtsgebäude in Moabit, Schöneberg, Lichtenberg und Pankow. [84/f2]

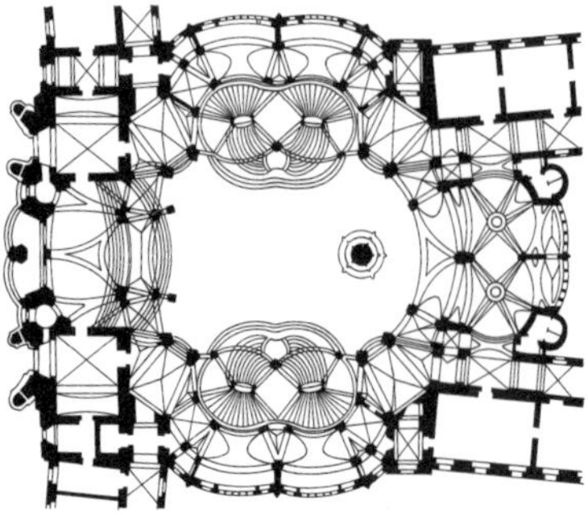

BERLIN. BEZIRK SCHÖNEBERG. – RATHAUS SCHÖNEBERG. John-F.-Kennedy-Platz [85]. Das urspr. Rathaus des Bezirkes Schöneberg am ehem. Rudolph-Wilde-Platz ist seit 1948 provisorischer Sitz des Senats und bis 1991 des Regierenden Bürgermeisters. 1911–1914 von P. Jürgensen und J. Bachmann erb. Das Gebäude steht auf einem freien Platz, was eine großzügige Anlage erlaubte: 4geschossig mit großer Pilasterordnung (Neu-Klassizismus), der Uhrturm (H = 70,5 m) wurde 1950 zur Aufnahme der von amerikanischen Bürgern gestifteten Freiheitsglocke von K. Dübbers verändert. [85/d4]

BERLIN. BEZIRK TIERGARTEN. MOABIT. – TURBINENFABRIK DER AEG. Huttenstraße 12–16 / Berlichingenstraße [86]. Die Montagehalle (L = urspr. 110 m, später auf 207 m, 26 Achsen, verlängert) wurde 1909 von P. Behrens erb., der seit 1906 künstlerischer Berater der AEG war; er war der erste Künstler, der sich mit industrieller Formgestaltung befaßte. Ebenso revolutionär war seine Turbinenhalle, sie wurde zum Ausgangspunkt des modernen Industriebaus, der auf dem Prinzip der Sachlichkeit, der Einheit von Funktion und Konstruktion fußte. Diese Montagehalle, die die Forderung möglichst guter natürlicher Beleuchtung erfüllen mußte, ist an den Langseiten (Berlichingenstraße) ganz in Glaswände aufgelöst, die nur durch die sich nach oben verbreiternden Stahlstützen (Dreigelenkbogen) unterbrochen und rhythmisiert werden. Die Ecken der Schmalseite (Huttenstraße) sind als mächtige Beton-Pfeiler gestaltet, die zwar keine tragende Funktion haben, aber außer ihrer formalen Aufgabe der Monumentalisierung des Gebäudes doch zweifellos optisch der Stabilisierung dienen. [86/c2]

BERLIN. BEZIRK KÖPENICK: OBERSCHÖNEWEIDE. – WERK FÜR FERNSEHELEKTRONIK. Ostendstraße 1/5 [87]. Der 1914–1917 errichtete Bau für den Großbetrieb der ehem. NAG (Nationale Automobilgesellschaft) folgte einem Entwurf von P. Behrens unter Einflußnahme des Großindustriellen Emil Rathenau. Der mächtige Turm ist die städtebauliche Dominante im Industriegebiet von Oberschöneweide. Er führt wie auch der benachbarte Funktionsbau durch seine überaus klare, lineare Gliederung zu einem sachlichen Stil der Industriearchitektur, den Behrens mit dem Bau der Turbinenhalle der AEG in Moabit so erfolgversprechend propagiert hatte. [87/g3]

BERLIN. BEZIRK MITTE. – VOLKSBÜHNE. Rosa-Luxemburg-Platz [88]. Die aus der Arbeiterschaft in der 2. H. 19. Jh. hervorgegangene Volksbühnenbewegung führte zur Gründung des Volksbühne-Vereins, aus dessen Spargeldern 1913/14 ein eigenes Haus nach Entwürfen von O. Kaufmann am Luxemburgplatz erb. wurde. 1945 zerstört, in vereinfachter Form ohne Erneuerung der Plastiken von F. Metzner wiederhergestellt. [88/f2]

BERLIN. BEZIRK KREUZBERG. – HEBBELTHEATER. Stresemannstraße 29 [89]. Nahe dem Halleschen Tor gelegen. 1907/08 vom Theaterarchitekten O. Kaufmann errichteter Jugendstilbau von monumentaler Form in großen Rustika-Quadern. Das Innere (ca. 800 Plätze) besteht aus einer Folge intimer Räume, die durch geschickte Verwendung verschiedener Hölzer bestechen. [89/e3]

BERLIN. BEZIRK STEGLITZ. – WOHNANLAGE AM FRITSCHWEG [90]. Der Beamten-Wohnungsverein ließ durch seine Architekten P. Mebes und P. Emmerich 1907/08 diese eindrucksvolle Mietshausgruppe in Form eines Wohnhofs (zwischen Grillparzer- und Rückertstraße) erbauen. Der Komplex war städtebaulich und in Anlage und Gliederung der Baukörper sehr fortschrittlich, ja modern. 4- bis 5geschossige Häuser aus Handstrichziegeln, weiße Sprossenfenster, bildhauerischer Schmuck von W. Schmarje; 130 Wohnungen. Eine ganz ähnliche Mietshausgruppe errichteten dieselben Architekten – ebenfalls für den Beamten-Wohnungsverein – 1908/09 im Stadtbezirk Pankow, Ortsteil Niederschönhausen, Grabbeallee 14/26. [90/c5]

BERLIN. BEZIRK ZEHLENDORF. – WOHNHAUS SEEFELD. Knesebeckstraße 5 / Ecke Stubenrauchstraße [91]. H. Muthesius erbaute 1905 dieses »Landhaus« nach einem längeren Englandaufenthalt als »Technischer Attaché« der Deutschen Botschaft in London für seinen Vorgesetzten, Herrn von Seefeld. Parallel schrieb Muthesius sein 3bändiges Werk »Das Englische Haus« (1905), sozusagen als theoretische Begründung, ein in seiner Zeit außerordentlich einflußreiches Architekturbuch (»Häuser werden zum Wohnen gebaut und nicht zum Ansehen.«). 2geschossiger Bau über L-förmigem Grundriß, eine Pergola führt vom Gartentor zum Eingangshof mit dem Hauseingang. [91/a5]

BERLIN. BEZIRK NEUKÖLLN. – WOHNHAUS. Kottbusser Damm 90/ Ecke Birknerstraße [92]. Das Mietshaus wurde 1909/10 von A. Vogdt erb., die ✱ *Fassadengestaltung* von B. Taut. 5geschossiges Eckhaus mit ornamentverzierter Putzfassade und mächtigem, weit ausladendem Dach. Die Mauern wirken durch Loggien- und Erkergruppen stark plastisch. Leider ging der Originalzustand durch eine nicht stilgerechte Renovierung Anfang der 70er Jahre verloren. [92/g4]

BERLIN. BEZIRK ZEHLENDORF. – WOHNHAUS PERLS. Hermannstraße 14 [93]. Als zweiten seiner selbständigen Bauten errichtete L. Mies van der Rohe 1911 das Wohnhaus für den Kunsthändler Perls. 2geschossiger, symmetrischer, kubischer Bau in der für Mies typischen klassizistischen Kühle mit flachem Walmdach über einer Attika. 1928 baute Mies an der NW-Seite Museumsräume für den damals hier wohnenden Kunstsammler und Kultur- und Sittengeschichtler Eduard Fuchs an, später weitere Veränderungen durch P. Großmann. [93/a5]

BERLIN. BEZIRK ZEHLENDORF: DAHLEM. – DEUTSCHES ARCHÄOLOGISCHES INSTITUT (ehem. Villa Wiegand). Peter-Lenné-Straße 28–30 [94]. 1911/12 von P. Behrens – vielleicht unter Mitarbeit von L. Mies van der Rohe, der damals in seinem Atelier arbeitete – für Theodor Wiegand, Direktor der Antikenabteilung an den Staatlichen Museen zu Berlin, erb. Der Stil ist klassizistisch geprägt und lehnt sich an französ. »Revolutionsarchitektur« und F. Gilly (um 1800) an. Auf der Gartenseite erfolgte in den 70er Jahren ein Erweiterungsbau. [94/a5]

BERLIN. BEZIRK CHARLOTTENBURG. – VILLA STERNEFELD. Heerstraße 109 [95]. Von E. Mendelsohn 1923 für den Arzt Dr. W. Sternefeld als eines der ersten privaten Wohnhäuser nach dem 1. Weltkrieg in Berlin erb., zugleich eine der ersten Villen Berlins in kubischer Gestalt mit Flachdach. Der Garten wird durch weite Terrassen und breite Fenstertüren in das Haus einbezogen. [95/a3]

BERLIN. BEZIRK CHARLOTTENBURG. – FUNKTURM UND MESSEHALLEN [96]. In der Nähe des Bahnhofs Witzleben an der Masurenallee/ Messedamm gelegen. Der Funkturm wurde 1924–1926 von H. Straumer anläßlich der 3. Deutschen Funkausstellung errichtet; Konstruktion und Bau durch die Stahlfirma Hein, Lehmann & Co. Der Stahlgitterbau (Gesamt-H ohne Antenne = ca. 138 m) dient als Antennenträger, Aussichtsturm mit Restaurant und Leuchtturm für Flugzeuge. Zu Füßen des Funkturms liegen die Messehallen, 1935/36 von R. Ermisch erb., nach dem 2. Weltkrieg durch weitere Hallen vergrößert bzw. ersetzt. [96/a3]

BERLIN. BEZIRK ZEHLENDORF. – WALDSIEDLUNG »ONKEL TOMS HÜTTE«. Argentinische Allee [97]. Die Baugesellschaft Gehag ließ 1926 bis 1932 in mehreren Abschnitten diese bahnbrechende Wohnsiedlung beiderseits des U-Bahnhofs und Ladenzentrums »Onkel Toms Hütte« im Grunewald nach Planung von B. Taut und M. Wagner erbauen. Die Architekten waren B. Taut (nördl. Teil), H. Häring (östl. Teil) und O. R. Salvisberg (südl. Teil). Die Gebäude sind überwiegend Einfamilienhäuser in Form von Reihen- und Doppelhäusern, aber auch 2- bis 3geschossige Wohnhäuser (alle mit Flachdach!) wie das abgebildete Beispiel (Waldhüterpfad) von rechtwinklig zur Argentinischen Allee angelegten Zeilen mit paarweise gruppierten Häusern (B. Taut). Das genaue Farbkonzept dieser Anlage wird soweit wie möglich wiederhergestellt. Insgesamt eine interessante und (trotz zeitgenössischen Streits um die Siedlung) gelungene Weiterentwicklung der Britzer Hufeisensiedlung. [97/a5]

BERLIN. BEZIRK WILMERSDORF. – EHEM. UNIVERSUM-KINO. Lehniner Platz [98]. Die Baugruppe, bestehend aus dem ehem. »Universum«, dem früheren »Kabarett der Komiker« sowie Läden, Restaurants, Appartment- und Wohnbauten, entstand 1926–1928 nach Plänen von E. Mendelsohn. Die zum Kurfürstendamm gelegene konvexe Front ist mit roten Klinkern verblendet. Anfang der 60er Jahre wurde der Kabarett-Teil instandgesetzt und gerettet, 1976 konnte die »Schaubühne« in dem Universum-Teil untergebracht werden, wenn auch mit starken Eingriffen in die alte Substanz. [98/b3]

BERLIN. BEZIRK KREUZBERG. – HAUS DER IG METALL. Alte Jakobstraße 148–155 [99]. 1929/30 von E. Mendelsohn und R. Reichel als Teil einer größeren Ensemble-Planung (die nicht ausgeführt wurde) erb. (= Haus des Deutschen Metallarbeiter-Verbandes). 5geschossiger Stahlbetonskelettbau auf einem spitzwinkligen Eckgrundstück; der konkave ✳ *Eckbau* (mit Vorstands- und Sitzungsräumen) um ein Geschoß erhöht, mit Natursteinverblendung und bronzegerahmten Fenstern. [99/f3]

BERLIN. BEZIRK TEMPELHOF. – DRUCKHAUS TEMPELHOF. Mariendorfer Damm 1–3 [100]. An der Stubenrauchbrücke über den Teltowkanal am S-Ufer gelegen. 1925–1927 von E. Schmohl für den Ullstein-Verlag erb. Großer Stahlbetonbau in 6 bis 7 Geschossen (um einen Hof angeordnet), der mit Klinkern verkleidet ist, er wird gekrönt von dem 72 m hohen Büroturm. [100/e5]

BERLIN. BEZIRK TIERGARTEN. – EHEM. SHELL-HAUS (BEWAG). Reichpietschufer/Hitzigallee/Stauffenbergstraße [101]. Am N-Ufer des Landwehrkanals 1930–1932 von E. Fahrenkamp erb.; seit 1952 Verwaltung der BEWAG. Das originelle Gebäude besteht aus 8 Gebäudeteilen, die sowohl in der Fassade am Reichpietschufer als auch in der Höhe gestaffelt angeordnet sind (von 6 bis 11 Geschossen). Erstes deutsches

Hochhaus in Stahlskelettkonstruktion, die Horizontalgliederung geschieht durch Travertinplatten [101/d3]

BERLIN. BEZIRK MITTE. – ZENTRAL. VERWALTUNGSBAU DER KRANKENKASSE. Rungestraße 316 [102]. Südl. vom Köllnischen Park erb. 1931 von A. Gottheimer für die Zentralverwaltung der Allgem. Ortskrankenkasse Berlin. Der Bau repräsentiert den expressionistischen Architekturstil der 20er Jahre. Der Klinker gilt als Gestaltungsmittel im Sinne der Materialgerechtheit, die senkrechte Strebenreihung als Ausdruck elementar konstruktiven und rationellen Bauens. [102/f3]

BERLIN. BEZIRK CHARLOTTENBURG. – HAUS DES RUNDFUNKS (Sender Freies Berlin). Masurenallee 8–14 / Hammarskjöldplatz [103]. 1929–1931 von H. Poelzig als erstes Funkhaus Deutschlands erb. über etwa herzförmigem Grundriß, mit Büros (außen) sowie 3 trapezförmigen Studios (innen) zwischen 4 dreieckigen Innenhöfen. Die ∗ *Hauptfassade* (3½ Geschosse) an der Masurenallee (150 m) hat 60 Achsen, die mittleren 32 ein Geschoß erhöht, und ist mit schwarzblauen Klinkern verkleidet, die mit gelblichroten bis dunkelbraunen Tonplatten abwechseln. Einer der ganz wenigen erhaltenen Bauten des bedeutenden expressionistischen Architekten. [103/a3]

BERLIN. BEZIRK NEUKÖLLN: BRITZ. – HUFEISENSIEDLUNG. Fritz-Reuter-Allee [104]. Die Großsiedlung Britz – zunächst wurde die Hufeisensiedlung mit 1027 Wohnungen geplant – wurde auf 2317 Wohnungen erweitert und in 7 Bauabschnitten 1925–1936 erb. Die eigentliche Hufeisensiedlung ließ die Gehag westl. der Fritz-Reuter-Allee durch B. Taut und M. Wagner 1925–1927 erbauen, östl. davon entstand gleichzeitig im Auftrag der Degewo durch Engelmann und Fangmeyer ein konventioneller Teil. Die Erweiterungen schließen östl. der Buschkrugallee und südl. der Parchimer Allee an. – Die Hufeisensiedlung hat ihren Namen vom hufeisenförmig angelegten zentralen Bauteil aus 3geschossigen Gebäuden um einen großen Teich. Die Wohngebäude öffnen sich in breiten Loggien zum Teich; in den Endbauten befinden sich Verwaltung, Café und Wäscherei. Nördl. schließt an das Hufeisen, entlang der Fritz-Reuter-Allee, eine langgestreckte Häuserzeile mit rhythmisierenden Treppentürmen (in Backstein) an, die sog. »Rote Front«. Das Streben der Architekten zielte auf wenige Bautypen, billige Bauweise mit teilweise genormten Bauteilen (Fenster, Türen etc.). Die gewünschte Kostensenkung wurde jedoch im Endeffekt nur in sehr geringem Maß auch tatsächlich erreicht. Der Weg war aber grundsätzlich richtig und zukunftsweisend. [104/g5]

BERLIN. BEZIRK CHARLOTTENBURG. – GROSSSIEDLUNG SIEMENSSTADT. Jungfernheideweg, Goebelstraße, Heckerdamm [105]. In den Jahren 1929–1931 wurde diese Siedlung aus 4geschossigen Mietshäusern (1370 Wohnungen) im Auftrag des Stadtbaurates M. Wagner von H. Scharoun geplant und die einzelnen Häuser von den Architekten Scharoun, W. Gropius, H. Häring, F. Forbat, P. R. Henning und O. Bartning entworfen und gebaut. Von Scharoun stammt die Eingangssituation im SW am Jungfernheideweg: eine Gebäudegruppierung, die trichterförmig auf die S-Bahnunterführung zuläuft und »Panzerkreuzer« genannt wird. Rechts davon steht das zentrale Heiz- und Waschwerk von Bartning. Von diesem stammt auch die Südbebauung der Goebelstraße. Die Gebäude nördl. dieser Straße (von W nach O) von Gropius, Häring und Forbat; nach einem Grünstreifen nördl. davon weitere Häuser von Forbat und Henning. Nördl. der S-Bahnunterführung stehen die langgestreckten Wohnblöcke von Gropius. Erstmals wird hier bei den Häusern nördl. der Goebelstraße die Blockbebauung aufgegeben. [105/a1]

BERLIN. BEZIRK WILMERSDORF. – EV. KIRCHE AM HOHENZOLLERNPLATZ. Hohenzollerndamm 202/203 [106]. Nahe am nordöstl. Ende des Hohenzollerndammes, der Wilmersdorf von SW nach NO durchzieht, erweitert sich die Straße ein Stück lang zum Hohenzollernplatz. Die Kirche, ein klinkerverkleideter Betonskelettbau mit Kupferdach, wurde 1930–1933 von F. Höger erb. Der Architekt, dessen bedeutendstes Werk das Chilehaus in Hamburg ist, gilt als einer der wichtigsten Vertreter des Expressionismus in der deutschen Baukunst. Das Innere wirkt durch die 13 Spitzbogen der Stahlbetonbinder gotisierend. [106/c4]

BERLIN. BEZIRK CHARLOTTENBURG. – OLYMPIASTADION [107]. Für die XI. Olympischen Spiele 1936 wurde von W. March das Reichssportfeld (westl. vom Stadtteil Westend) mit allen seinen Sportstätten angelegt: Olympiastadion, Maifeld, Schwimmstadion, Hockeystadion, Tennisplätze, Waldbühne usw. Den Kern der Anlage bildet das Olympiastadion, 1934–1936 erb., mit seinem riesigen Oval (300 × 230 m) aus Beton mit Muschelkalkverkleidung, außen von Pfeilern getragen. Das Stadion hatte urspr. 85 000 Sitz- und 35 000 Stehplätze, heute 65 000 Sitz- und 31 000 Stehplätze. 1957 mit 4 88 m hohen Masten für Flutlicht versehen; 1972/73 wurden die Sitzränge teilweise überdacht. Das im W vorgelagerte Maifeld ist ein Festplatz für 500 000 Teilnehmer und hat Tribünen für 70 000 Zuschauer. [107/a3]

BERLIN. BEZIRK CHARLOTTENBURG. – LE-CORBUSIER-HAUS. Reichssportfeldstr. 16 [108]. Die Heerstraße tangiert südl. des Olympiastadions das sog. Heilsberger Dreieck, eine Straßengabelung, die von der nach N abzweigenden Reichssportfeldstraße und der an gleicher Stelle nach NO abzweigenden Heilsberger Allee gebildet wird. In dieser Gabelung steht das riesige Haus, 1956–1958 von Le Corbusier als Beitrag zur »Internationalen Bauausstellung 1957« geschaffen. Als »Unité d'habitation, Typ Berlin«, nach der Cité Radieuse von Marseille und dem Typ Nantes das 3. Beispiel der von Le Corbusier entwickelten »Wohneinheit angemessener Größe«. Größtes Wohnhaus Berlins; L = 135 m, H = 56 m, 17 Geschosse mit 557 Wohnungen und ca. 1400 Bewohnern, ein eigenes Kraftwerk rundet das Bild dieser eigenen kleinen Stadt ab. Die außergewöhnliche Größe des Gebäudes machte eine Einordnung in die übrigen Häuser der »Interbau« im Hansa-Viertel unmöglich. [108/a3]

BERLIN. BEZIRK TIERGARTEN. – KONGRESSHALLE. John-Forster-Dulles-Allee [109]. Im nordöstl.

Teil des Tiergartens zwischen Großem Stern und Reichstag 1956/57 von H. A. Stubbins unter Mitarbeit von W. Düttmann und F. Mocken als Beitrag der USA zur »Interbau« errichtet, etwa an der Stelle der ehem. »Zelte«. Über gedrückt eiförmigem Grundriß erwächst der originelle Saalbau (1250 Sitzplätze) mit seiner berühmten Hängedachkonstruktion. Seit 1991 heißt der Bau »Haus der Kulturen der Welt«. [109/d2]

BERLIN. BEZIRK CHARLOTTENBURG. – KAISER-WILHELM-GEDÄCHTNIS-KIRCHE UND EUROPA-CENTER [110]. Die berühmte Kirche steht auf dem Breitscheidplatz, einem wichtigen Verkehrsknotenpunkt am Zoo, wo sich Kurfürstendamm, Kantstraße, Hardenbergstraße, Budapester Straße, Tauentzienstraße und Rankestraße treffen. Die alte, neurom. Kirche (in den Formen der rheinischen Spätromanik) wurde 1891 bis 1895 von F. Schwechten erb.; im 2. Weltkrieg schwer beschädigt und bis auf einen Teil des W-Baus abgetragen, der jetzt als Ruinenmahnmal erhalten wird. Auf Grund eines Wettbewerbes wurde der Neubau, unter Einbeziehung der Ruine, 1961–1963 von E. Eiermann errichtet. Im W der Ruine steht das flachgedeckte Oktogon, dessen Stahlskelettwände völlig aus gitterartigen, blau verglasten Fensterflächen bestehen, im O der neue 6eckige Turm in entsprechender Gitterwandgliederung. – An der O-Seite des Breitscheidplatzes, zwischen Budapester Straße und Tauentzienstraße, wurde 1963–1965 unter Beratung von W. Düttmann und E. Eiermann von H. Hentrich und H. Petschnigg das Europa-Center errichtet; ein riesiges 22geschossiges Bürohochhaus sowie mehrgeschossige Geschäftspassagen. 1974–1976 durch Überdachen der Innenhöfe und Innenumbau stark verändert. [110/c3]

BERLIN. BEZIRK CHARLOTTENBURG: PLÖTZENSEE. – KATH. KIRCHE MARIA REGINA MARTYRUM [111]. Am Heckerdamm, nicht weit vom Kurt-Schumacher-Damm, liegt wenige hundert Meter vom ehem. Zuchthaus Plötzensee entfernt diese Kirche, die den dort aus politischen, Glaubens- oder Rassengründen während der Hitler-Diktatur hingerichteten Menschen gewidmet ist. 1960–1963 von H. Schaedel und F. Ebert erb. Die Anlage besteht aus Kirche mit Feierhof, Gemeindesaal und Turm. Der niedrige Glockenturm bildet zugleich den Eingang zu dem Feierhof, der 10000 Menschen fassen kann; an seiner Umfassungsmauer Bronzeplastiken der 14 Kreuzwegstationen von O. H. Hajek. Die Kirche »schwebt« als Schrein über dem nördl. Teil des Feierhofes, über dem Portal ein vergoldetes Relief von F. Koenig, das apokalyptische Weib und die 7 Schlangen. In der Krypta befinden sich 3 Gräber: Erich Klausener, Dompropst Lichtenberg und ein symbolisches Grab für alle Blutzeugen, denen ein Begräbnis verweigert wurde. An der Altarwand der sehr eindrucksvollen Oberkirche ein Fresko von G. Meistermann. [111/b1]

BERLIN. BEZIRK MITTE. – GEBÄUDE DES EHEM. STAATSRATES DER DDR. Marx-Engels-Platz [112]. Auf der S-Seite des Platzes 1962–1964 erb. nach Entwürfen von R. Korn. Das sandsteinerne Portal ist urspr. das Portal IV vom Lustgarten-Flügel des 1945 zerstörten Stadtschlosses gewesen und gehörte zu dem von J. F. Eosander 1707–1713 errichteten Bauabschnitt. Die S-Seite des dahinter liegenden Treppenhauses zeigt monumentale Glasmalereien aus der Geschichte der deutschen Arbeiterbewegung, entworfen von W. Womacka. [112/f3]

BERLIN. BEZIRK MITTE. – KOMISCHE OPER. Behrenstraße 55/57 [113]. Das 1891/92 im Stil des Wiener Belvedere von F. Fellner und H. Helmer erb. »Theater Unter den Linden« wurde 1928 umgebaut und 1945 weitgehend zerstört. Wiedereröffnung des Hauses 1947 als Komische Oper. 1966/67 Neugestaltung des Äußeren durch K. Nierade mit moderner Fassade an der Behrenstraße, die Metallarbeiten von F. Kühn. [113/e3]

BERLIN. BEZIRK TIERGARTEN. – NEUE NATIONALGALERIE UND MATTHÄIKIRCHE. Potsdamer Straße 50 [114]. In der Nähe der Potsdamer Brücke an der Stelle des ehem. »Geheimratsviertels« bei der jetzt isoliert und sinnlos dastehenden Matthäikirche (F. A. Stüler 1844–1846) gelegen. Als Museum für die Kunst des 20. Jh. 1965–1968 von L. Mies van der Rohe erb. Ein 90 × 90 m großer Sockelbau für Büros und Magazine trägt auf seiner Plattform einen schlichten 50 × 50 m großen Pavillon für die Kunstausstellungen, dessen quadratisches Stahldach (65 × 65 m) auf 8 Stützen ruht. Die W-Seite des Sockelbaus öffnet sich zu einem Skulpturenhof. Das merkwürdige Gebäude ist von Mies nicht speziell als Museumsbau entworfen, es ging ihm vielmehr um *die* Gestalt, *die* Form; so hat er konsequenterweise diese Bauform auch für Gebäude mit ganz andersartigen Verwendungszwecken benutzt. [114/e3]

BERLIN. BEZIRK TIERGARTEN. – PHILHARMONIE. Kemperplatz [115]. Am S-Rand des Tiergartens an der Tiergartenstraße, in der Nähe des Kemperplatzes gelegen. Dieses vielleicht originellste moderne Bauwerk Berlins wurde 1960–1963 von H. Scharoun erb. Über einem mehrgeschossigen asymmetrischen Unterbau, der die Nebenräume enthält, erhebt sich das unregelmäßige 6eck des ✶ *Konzertsaales*: Um das exzentrisch an der tiefsten Stelle gelegene Podium steigen weinbergartig nach allen Seiten die 2200 Sitzplätze auf 9 Terrassen an; die über dem Podium schwebende Decke überspannt den Raum in 3 Schwüngen. Das fast skurrile Äußere des Baus ist durch die Konstruktion des Innenraumes bedingt. Den weltberühmten langjährigen Dirigenten der Berliner Philharmoniker verewigten die Berliner auf ihre Weise in der Bezeichnung des Bauwerkes als »Zirkus Karajani«. [115/e3]

BERLIN. BEZIRK MITTE. – FERNSEHTURM. Marx-Engels-Platz [116]. Unter Bauleitung von G. Frost 1965–1969 errichtet. Mit 365 m bis zur Spitze das höchste Bauwerk Berlins. Der Betonschaft reicht 250 m hoch. Die Turmkugel hat einen Durchmesser von 32 m, im 4. der insgesamt 7 Geschosse befindet sich in 207 m Höhe ein Café mit 200 Plätzen. [116/f2]

BERLIN. BEZIRK CHARLOTTENBURG. – INTERNATIONALES CONGRESS CENTRUM (ICC). Messedamm [117]. Das Hauptgebäude (320 × 80 m) steht auf einem schmalen Grundstück zwischen dem Messedamm und dem Westring der Stadtautobahn. 1975–1979 nach Plänen von R. Schüler und U. Schüler-Witte erb.

Es enthält einen Kongreßsaal für 5000, den Saal 2 mit Tribüne als Auditorium für 2000, sowie als Festsaal für 3000–4000 Personen; weitere kleinere Konferenzräume (10–380 Personen) sowie Büros und Service-Einrichtungen, Restaurants etc. Die Räume fußen auf Stahlbetonbindern mit Kragarmen; Wände und Dach werden – unabhängig davon – von einer außen liegenden Brückenkonstruktion aus Stahlfachwerk getragen. Die gesamte Außenhaut besteht aus silberfarbig eloxiertem Aluminium. [117/a3]

BERLIN. BEZIRK KREUZBERG. – WOHNBLOCK RITTERSTRASSE-NORD UND -SÜD [118]. Vier Architektengruppen (Rob Krier, Gruppe 67, Hielscher/Mügge, Planungskollektiv Nr. 1) begannen 1977 einen Planungswettbewerb, der dann jedoch zugunsten einer Zusammenarbeit aller mit Vergabe der Gestaltung der 13 einzelnen Häuser an jeweils eine(n) Architekten(gruppe) in Auftrag gegeben wurde. Grundsteinlegung des Baukomplexes Ritterstraße/Lindenstraße/Jacobstraße/Oranienstraße und Landwehrkanal/Mehringplatz mit dem nördlichen Teil im August 1978, mit dem südlichen Teil (23 Häuser von 7 Architekten) im Januar 1982; Initiator des Projekts war Senatsbaudirektor Hans-Christian Müller. Nach bestimmten Rahmenvorgaben entstanden aus sehr eigenwilligen, interessanten Einzelbauten Gesamtkomplexe ganz individueller Durchgestaltung. Im Nord-Komplex gestalteten die Häuser 1/2/7/11 die Gruppe 67, Berlin (Werner Joackeit, Peter Möhle, Harald Schöning, Alexander Eichenlaub, Joachim Hoffmann, Dieter Petersen, Rüdiger Rothenhagen); die Häuser 3/4/8/10 Horst Hielscher, Georg Mügge, Berlin, das Haus 9 Rob Krier, Wien; die Häuser 5/6/12/13 das Planungskollektiv Nr. 1 (Johann F. Geist, Helmut Maier, Hans Heinrich Moldenschardt, Peter Voigt, Hans Wehrhan) Berlin. Im Süd-Komplex gestalteten die Häuser 1/5/8/11 Bangert, Jansen, Scholz, Schultes; die Häuser 6/10/13/15 Barbara Benzmüller, Wolfgang Wörner; die Häuser 9/12/14/21 Brandt, Heiß, Liepe, Steigelmann; die Häuser 2/3/23 Feddersen, v. Herder u. Partner, Th. Weydemann; die Häuser 4/18/20 Ganz + Rolfes; die Häuser 7/16 Rob Krier u. Mitarbeiter; die Häuser 17/19/22 Urs Müller, Thomas Rhode. [118/f3]

BERLIN. BEZIRK TIERGARTEN. – STADTVILLEN AN DER RAUCHSTRASSE [119]. Anläßlich der IBA 1984 wurde ein internationaler Wettbewerb für den Bau mehrerer Mehrfamilienhäuser im einstigen Diplomatenviertel am westl. Ende des südl. Tiergartenviertels vergeben. Es entstanden einzeln stehende Wohngebäude in 2 Reihen, west-östl. angeordnet, mit einem (in der Mitte geöffneten) Doppelbau (Nr. 1, der südl. Teil des Doppelbaus ist älter) im W (Drakestraße) von A. Rossi und G. Braghieri, Mailand, und einem durch einen sichelförmigen Verbindungsbau geschlossenen Doppelbau (Nr. 5/6) im O (Stülerstraße) von R. Krier, Wien. Die übrigen Häuser entwarfen: Nr. 2 H. Nielebock und Partner, Berlin; Nr. 3 G. Grassi und E. Guazzoni, Mailand; Nr. 4 Th. Brenner und B. Tonon, Berlin; Nr. 7 F. Valentiny und H. Hermann, Luxemburg; Nr. 8 H. Hollein, Wien; Nr. 9 R. Krier. [119/d3]

BERLIN. BEZIRK KREUZBERG. – WOHNHAUS Fraenkelufer/

Admiralstraße [120]. Diese neue Wohnbebauung schließt eine Baulücke der vorbildlich renovierten Altbauten des 19. Jh. in der Nachbarschaft. Das originelle, etwas verspielt wirkende Gebäude wurde 1983/84 von H. und I. Baller erb. [120/f4]

ALT KRÜSSOW. – DORFKIRCHE [121]. Rechteckiger Saalbau gew. 1520. Sterngewölbe und reicher östl. ✶ *Staffelgiebel* unter dem Eindruck des W-Giebels der Heiligengraber Kapelle. 2 geschnitzte Flügelaltäre aus der Bauzeit, der größere mit der Geschichte der hl. Anna und Maria. [B1]

ALTDÖBERN. – SCHLOSS [122]. Im Kern eine bar. Dreiflügelanlage, 1717 erb., verändert 1749 und 1880–1883. Im ✶ *Treppenhaus* dekorativ-illusionistische Wand- und Deckenmalereien von J. Krinner 1750, die Wandgemälde im Teesalon von J. M. Moreau d. J., im Marmorsaal und im Grünen Saal Stukkaturen, Reliefs und Wandgemälde sächsischer Schule. Rest. 1965/66. – Die urspr. bar. Parkanlage seit 1880 zum Landschaftspark umgestaltet, darin Plastiken von G. Knöffler, 1755. [D5]

ANGERMÜNDE. – PFARRKIRCHE ST. MARIEN [123, 124]. Urspr. ein Granitquaderbau mit breiterem ✶ *W-Turm,* M. 13. Jh. Das Lhs. sicher als 3schiffige, gewölbelose Hallenkirche zu rekonstruieren. Im 15. Jh. erfolgte der Anbau des Chores mit südl. SSch., in ganzer Breite mit 5seitigem Polygon geschlossen, die Einwölbung des Chores und des erweiterten Lhs. mit Sterngewölben und die Erhöhung des W-Turmes mit N- und S-Giebel. Das ✶ *Taufbecken* in Bronze, bez. J. Justus, wohl frühes 14. Jh. [D2]

BELZIG. – BURG EISENHARDT [125]. Im Kern 13. Jh., wurde die Burg ab 1465 über einem unregelmäßigen Sechseck erb. Nach der Zerstörung von 1636 Umbauten an dem feldseitig von 2 Rundtürmen eingefaßten Torhaus und an dem östl. anschließenden Speicher. Am eindrucksvollsten noch der 33 m hohe runde Bergfried. [B4]

BERNAU. – MARIENKIRCHE [126, 127]. Die Baugeschichte dieser Kirche, die eines der spätesten Beispiele der märkischen Hallenkirchen mit Umgangschor darstellt, ist infolge der teilweisen Übernahme von 2 vorangegangenen Bauten verhältnismäßig kompliziert. Annähernd fixiert ist nur die Vollendung des überlieferten Baues durch Peter Hinrich (nach anderer Lesart Peter Johannes) von Luckau 1519 laut einer Gewölbeinschrift im MSch. Eine 1., nach der Stadtgründung um 1230 beg. Kirche, von der ein granitenes Rundbogenportal an der NO-Seite erhalten ist, wurde im 14. Jh. durch eine viell. kreuzförmige Basilika ersetzt, deren vermauerte Obergadenfenster noch als Reste in der Hochwand über der nördl. Arkade des MSch. stecken. Der Hauptaltar zu diesem Bau wird 1339, ein Katharinenaltar 1345 erwähnt. In den beiden nördl. SSch. wird ein Interimsbau vermutet, der bis zur Fertigstellung des neuen Umgangschores und des südl. SSch. benutzt wurde. Mit diesen Teilen entstanden auch der östl. vom nördl. SSch. gelegene Anbau mit Sakristei und sog. Schülerchor darüber sowie die 2geschossige S-Kapelle. Der 1490 voll. breite W-Turm wurde nach Schäden im 18. Jh. durch einen etwas dürftigen quadratischen 1846 ersetzt, die Reste der urspr. N- und S-Mauer in Granitquadern wurden dabei zu Strebepfeilern reduziert. – Das Äußere ist durch flache Vorlagen gegliedert. Nur das 2. nördl. SSch. hat noch Außenstrebepfeiler, seine quergerichteten Satteldächer sind mit fialengeschmückten Zwerchgiebeln besetzt. Staffelgiebel in spätgot. dekorativer Ordnung über der O-Seite der Sakristei und am S-Anbau. – Das Innere von stattlicher Weite, vor allem das 4schiffige, fast quadratische ✶ *Lhs.* Die Pfeiler haben entsprechend der langen Baugeschichte unterschiedliche Formen, typisch für die ausgehende Gotik sind die massigen Rundpfeiler mit dünnen Diensten im Chorumgang und die als gedrehtes Stabbündel gestaltete Mittelstütze in der Sakristei. Im Chor Kreuz-, im Lhs. Netz- und Sterngewölbe, am reichsten im südl. SSch. Zahlreiche Rippenkonsolen haben die Form von fratzenhaften Gesichtsmasken oder Tierköpfen. – Die Innenausstattung von einem für die Mark ungewöhnlichen Reichtum. Das kostbarste Stück ist der große Hauptaltar mit Schnitzfiguren in Schrein und Gesprenge und mit ✶ *gemalten Klappflügeln.* Auf der Predella gemalte Szenen aus der Nikolauslegende. Im 2zonigen Mittelschrein oben die von Engeln begleitete Marienkrönung, unten die Figuren von 4 Heiligen, die Innenseiten der Flügel 3zonig mit jeweils 4 Figuren. Bei geschlossenen Schreinflügeln zeigt die Mitte 16 Bilder der Leidensgeschichte Christi und jeder Seitenflügel jeweils 8 Bilder aus dem Marienleben und Jesu Kindheit. In völlig geschlossenem Zustand erscheinen zusammen mit dem feststehenden 3. Flügelpaar in gleicher Bildanordnung insgesamt 32 Wunderszenen und Martyrien verschiedener Heiliger. In der Mitte des reichen Gesprenges unten Christus, begleitet von Petrus und Paulus, über deren Baldachinen die Hl. Andreas, Georg und Jakobus. Der um 1520 entstandene Altar wird als Werkstattarbeit L. Cranachs d. Ä. angesehen. Das Sakramentshäuschen mit Bildern auf den Holzteilen um 1440. Die jüngere der beiden Taufen mit turmartigem Deckel 1606, etwa aus der selben Zeit die Kanzel. Die fast lebensgroße Triumphkreuzgruppe mit Balken und Sprengwerk dat. 1520. Mehrere spätgot. Plastiken und Reliefs als Reste verlorengegangener Altäre, deren Tische z. T. noch erhalten. Insgesamt 75 Bilder auf den Emporen der W-Seite und im 2. nördl. SSch. entstanden nach 1614 für die Tuchmacher-, Schuster- und Knechtechöre. Von nur noch selten anzutreffender Ursprünglichkeit ist das Gemeindegestühl aus dem 17. Jh., darunter der sog. Bürgermeisterstuhl, mit Rundbogenfeldern zwischen korinthischen Doppelsäulen. [C2]

BERNAU. – Steintorturm [128]. Der quadratische, durch seine Großflächigkeit wirkende Turm wahrscheinlich nach dem Stadtbrand von 1485 erb., das Mansarddach mit Uhrtürmchen 1752. Ein überdachter Wehrgang verbindet ihn mit dem nächsten Rundturm, der einen Zinnenkranz und gemauerten Helm trägt. Jetzt als Museum genutzt. [C2]

BLANKENSEE. – Dorfkirche [129]. In dem schlichten mittelalterlichen Saal befindet sich seit 1946 ein skulptierter Marmormonolith, der als ✶ *Taufstein* benutzt wird. Er stammt aus der Sammlung des Dichters Hermann Sudermann auf Schloß Blankensee. Die Seitenflächen des Steines sind in je 2 Rundbogenarkaden gegliedert, in denen Motive des Lebensbaumes und Lebensbrunnens dargestellt sind. Der Stein ist venezianischer Herkunft und diente urspr. als Brunneneinfassung, 12. Jh. [B3]

BRANDENBURG/H. – Dom St. Peter und Paul [130–144]. Gründung des Bistums 948 durch Otto I. Der Dom aus dieser Zeit wurde beim großen Slawenaufstand 983 zerstört, seine Gestalt ist unbekannt. Nach der Rückeroberung Brandenburgs unter Albrecht dem Bären Grundsteinlegung des Neubaues 1165. Seine O-Teile voll. in den 70er Jahren. Das Lhs., urspr. als Saal vorgesehen, wurde um

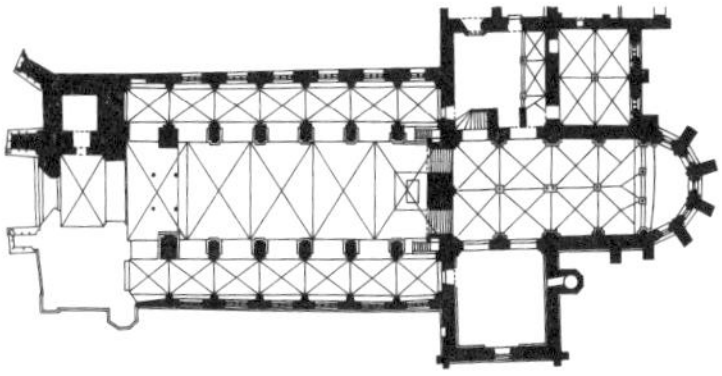

1180–1194 basilikal errichtet. Um 1220 Ausbau der schon angelegt gewesenen Krypta. Die Bunte Kapelle nördl. des Chores 1235 gew. Von den beiden W-Türmen nur der nördl. fertig, der südl. schon im 13. Jh. aufgegeben. Obwohl sich die Raumproportionen im 14. und 15. Jh. erheblich veränderten, blieb der Grundriß des rom. Domes im wesentlichen erhalten. Er zeigt eine kreuzförmige Basilika mit Apsis, ✳ *Chor*, QSch., einem ✳ *Lhs.* von 7 Arkaden und den 2türmigen W-Bau. Die 2schiffige ✳ *Krypta* reicht bis zu den westl. Vierungspfeilern und öffnet sich in je 2 Bögen zu den Kreuzarmen und dem MSch. – eine Eigenart, die in der Mark nur noch in der Prämonstratenserkirche Jerichow überliefert ist. Die Bögen zum MSch. bereits A. 14. Jh. durch einen Lettner verdeckt, ganz geschlossen und übermauert durch eine bar. Estrade, seit 1836 durch eine breite Treppe, 1962–1965 wieder freigelegt, ebenfalls die obere Hälfte der Ambo-Treppen in den östl. Arkaden. Die älteren Pfeilervorlagen in der Krypta aus Ziegeln, die Säulen in der Mitte und an der Apsiswand aus Sandstein, die ✳ *Kapitelle* – von besonderer Meisterschaft – stilistisch verwandt mit der Bauplastik im Chorumgang des Magdeburger Domes. Auch die Kämpferplatten der Pfeiler im Lhs. aus Sandstein und z. T. ornamentiert. – Noch aus dem 13. Jh. ein Eckdienst im nördl. QSch., der auf beabsichtigte Wölbung hindeutet. Der Ablaß von 1295 gilt als Aufruf zum Wetteifern mit anderen Kirchen, der Plan eines Umbaues zur Hallenkirche ist über erste Ansätze nicht hinausgekommen. Die heutige Gestalt des Domes ist das Ergebnis spätgot. Umbauten: Erhöhung sämtlicher Mauern mit Einwölbung, im MSch. über den 7 rom. Arkaden nur 5 Joche, daher ohne Stützensystem, das südl. SSch. 1426, Galerie im nördl. QSch., das Ganze voll. mit den Giebeln über den Kreuzarmen, jedoch nur der nördl. Staffelgiebel urspr. M. 15. Jh., das südl. QSch. 1836 z. T. erneuert. Der Abschluß des W-Baues ebenfalls von 1836. Bei der Rest. 1962–1965 Sicherung der Fundamente und Schiffspfeiler sowie Rückführung der Kryptenöffnungen auf ihre urspr. rom. Form. – Die Ausstattung von überdurchschnittlicher Qualität, nur zum geringeren Teil in Nutzung. Der ✳ *Hauptaltar* mit geschnitztem Mittelteil und gemalten Flügeln ist eine Stiftung des Lehniner Abtes Valentinus, dat. 1518, mitteldeutsch. Ein hervorragendes Werk ist das ✳ *rom. Kruzifix* sächsischer Provenienz aus der M. 13. Jh., identisch viell. mit der 1357 erwähnten imago sanctae crucis. Eine ✱ *Sitzmadonna* um 1330, das Sakramentshäuschen dat. 1375, Vesperbild und Ölberg-Christus um 1420–1430, 2 bronzene ✱ *Leuchterengel* von 1441, Schmerzensmann um 1500. Die Triumphkreuzgruppe vom 1. V. 15. Jh. 1968 rest. und auf die nachgewiesene urspr. Höhe versetzt. Der vielfigurige sog. ✱ *Böhmische Altar*, im Mittelteil die Krönung Mariae, die Predella bemalt, um 1380–1390, aufgestellt im südl. QSch., der ✱ *Marienaltar*, jetzt im Dommuseum, ein Werk im »Weichen Stil«, um 1430. Der Allerheiligen-Altar dat. 1465. Etwa gleichzeitig der Kreuzigungsaltar vor der Kryptenwand. Die Kanzel 1691, die Orgel mit dem Spielwerk von J. Wagner 1723–1725, die Figuren am Prospekt von J. G. Glume. Unter den zahlreichen Grabplatten und Epitaphien solche von reicher plastischer Gestaltung, wie die ✱ *Grabsteine* der Bischöfe v. der Schulenburg, gest. 1393, und *Stephan Bötticher*, gest. 1459; auf der N-Wand des MSch. das Alabaster-Epitaph des A. v. Königsmarck, gest. 1621, wahrscheinlich von Chr. Dehne gefertigt, und das Schlabrendorffsche Doppelgrabmal im nördl. QSch., um 1720. Im mittleren Chorfenster Glasmalerei aus dem 13. und 15. Jh., die älteste Scheibe mit der Halbfigur der Madonna E. 13. Jh. Im Domarchiv eine Reihe mittelalterlicher Handschriften, darunter ein reich illuminiertes ✱ *Evangelistar* vom A. 13. Jh., magdeburgisch, und 2 weitere liturgische Bücher mit vergoldeten Silberdeckeln, das ✱ *Lektionarium mit dem Weltenrichter*, gestiftet vor 1241 von Bischof Rutger (1241–1249), das Lektionarium mit einer Mariendarstellung nach niedersächsischer Vorlage, 4. V. 13. Jh. Die Sammlung got. Textilien an Zahl und Wert einzigartig in der Mark, das ✱ *Hungertuch* eine niedersächsische Arbeit von etwa 1290, rest. 1967/68. – Von den Klostergebäuden nördl. des Domes, der zugleich Prämonstratenserstiftskirche war, sind erhalten der O- und N-Flügel. Die 5 südl. Joche des östl. Kreuzganges mit stark plastischen Wandpfeilern, deren Kapitelle mit Menschen- und Tierdarstellungen in szenischer Abfolge geschmückt sind, gehören zum ältesten Bestand, 2. V. 13. Jh. Der W-Flügel neugot. E. 19. Jh. Im O-Flügel Dommuseum seit 1979. Unter den aus anderen märkischen Kirchen hierher übernommenen Kunstwerken ist besonders erwähnenswert ein Altartriptychon aus Margrafpieske, dessen ✱ *Mittelbild* die Marter des hl. Sebastian darstellt und aus der Werkstatt L. Cranachs d. Ä. stammt. Formale Analogien der Sebastiansgestalt zu Aktfiguren aus Cranachs beglaubigtem Werk gestatten eine Datierung um 1530. Viell. gehörte das Retabel urspr. dem Fürstenwalder Dom. [B3]

BRANDENBURG/H. – St. Nikolaikirche [145]. Die Kirche des 1249 mit der Altstadt vereinigten Dorfes Luckenberg, erb. A. 13. Jh., ist eine 3schiffige Basilika mit Hauptapsis und 2 Nebenapsiden, der Chor vorgezogen. Der O-Teil hat Kreuzgratgewölbe, das Lhs. eine Balkendecke. Der westl. Staffelgiebel, 1467 von St. Boxthude aus Zerbst erb., 1945 zerstört und in den 50er Jahren neu gestaltet. Einfache, doppelte und Zickzackfriese auf kleinen Konsolen erhalten. [B3]

BRANDENBURG/H. – St. Petrikapelle [146]. Die rechteckige, unten aus Granitquadern, darüber aus Ziegeln erb. Kapelle aus der M. 13. Jh. hat ein

✶ *Zellengewölbe* über 3 6eckigen Pfeilern, 1521. [B3]

BRANDENBURG/H. – Pfarrkirche St. Katharinen [147–157]. Die Pfarrkirche der Neustadt, erstmals 1217 erwähnt, war ein rom. Granitquaderbau von unbekannter Gestalt, erhalten davon ist der S-Teil des 2türmig angelegten W-Baues. Ablaßbriefe gegen E. 14. Jh. kündigen die Absicht eines Neubaues an, der Abriß des alten beg. 1395. Die Inschrift einer Tontafel an der jetzigen N-Kapelle nennt als Baumeister H. Brunsberg aus Stettin und das Jahr 1401 als Baubeginn, eine gemalte Inschrift im Inneren die Weihe dieser Kapelle 1434. Die Kirche ist eine 3schiffige Halle, ihr ✶ *Chor* innen 3seitig, der Hallenumgang 5seitig

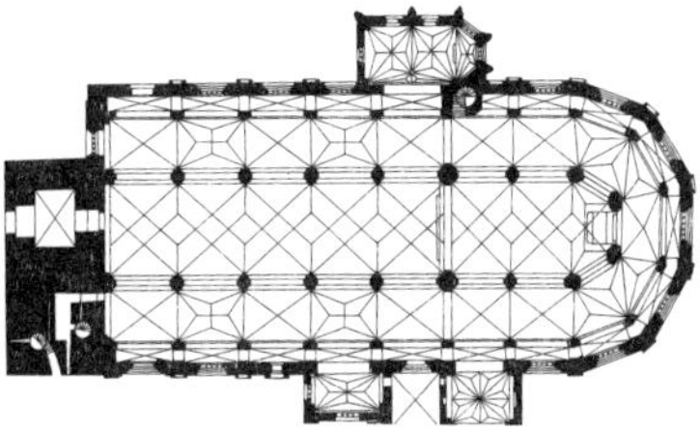

geschlossen. Zwischen den eingezogenen Strebepfeilern sind Kapellen mit eigenen Gewölben eingefügt. Unmittelbares Vorbild für den Grundriß des Chores ist der von Brunsberg um 1390 erb. Chor der Marienkirche in Stargard (Pommern). Der Brandenburger Bau ist sein Hauptwerk und zugleich das hervorragendste Beispiel des sog. Reichen Stiles im deutschen Backsteingebiet. Für die durch Stabwerk und durch Wimperge 3zonig gegliederten Lisenen sind ordenspreußische Vorbilder maßgebend. Den Höhepunkt dekorativen Schmuckes von filigranartiger, malerisch-entstofflichter Feinheit bilden die Schaufassaden der ✶ *Schöppenkapelle* an der S-Seite und der ehem. Fronleichnams-, jetzt ✶ *Marienkapelle* an der N-Seite mit ihren freistehenden Giebeln aus rot und grün glasierten Ziegeln. Von dem urspr. Figurenschmuck des Äußeren erhalten 2 Plastiken aus gebranntem Ton, die hl. Katharina und Amalberga darstellend, die übrigen Figuren von der Rest. des Äußeren 1864/65. – Der 1582 eingestürzte Turm von G. B. Sala aus Mailand, einem Gehilfen des Baumeisters R. v. Lynar, 1585 wiedererrichtet, die Haube von dem Leipziger Ratszimmermeister B. Richter 1592. – Das ✶ *Innere* der Kirche zeigt das für spätgot. Bürgerkirchen charakteristische Streben nach räumlicher Einheit in vollendeter Form. Über dem Kapellenkranz des Chores ein Umgang, der sich in den SSch. fortsetzt. Weite Arkaden mit Achteckpfeilern, die gebündelte Dienste haben. Die stärker ausgebildeten Pfeiler zwischen Chor und Lhs. tragen einen Giebel, der den einstweiligen Abschluß des O-Teiles bildete. Die Gewölbe im MSch. nicht mehr im Sinne Brunsbergs mit Sternmustern, sondern als Netzgewölbe in der Art des P. Parler. – Der Kalkanstrich von 1725 bei der Rest. 1910–1912 entfernt und die ✶ *Ausmalung* aus der Bauzeit freigelegt, bes. reich die im Chor und in der N-Kapelle mit ornamentalen und figürlichen Darstellungen. – Der ✶ *Hauptaltar* von 1474 ist ein Wandelaltar, bez. »per Gerhard Weger«, der Mittelteil und die Innenseiten der inneren Flügel geschnitzt, die übrigen Seiten der Doppelflügel gemalt. Dargestellt sind vorzugsweise Szenen aus der Kindheits- und Leidensgeschichte Jesu und aus der Katharinenlegende. In der Schöppenkapelle der 1457 gew. Hedwigsaltar, im Schrein die hl. Hedwig zwischen den Hl. Hadrian und Rochus, die Flügel bemalt. Im nördl. Chorumgang ein ✻ *Sandsteinretabel* mit Maria und 4 Heiligen, um 1430. Die ✻ *Bronzetaufe* in der N-Kapelle ist eine Arbeit des Erfurter Meisters D. Molner, dat. 1440. Die Kanzel mit vielen Figuren wurde 1668 gestiftet. Die bar. Emporen und das Orgelgehäuse 1726/27. Zahlreiche Grabdenkmäler im Chorumgang und in den Nebenschiffen, darunter das ✻ *Wandgrab* des B. v. d. Schulenburg vom A. 17. Jh., magdeburgisch, viell. von Chr. Dehne. 1975 wurden in das mittlere Chorfenster die aus der ehem. Dominikanerkirche in Brandenburg stammenden ✻ *Glasmalereien* versetzt. Der dortige Bau, eine Hallenkirche voll. um 1330–1340, ist seit 1945 Ruine, deren Wiederaufbau geplant ist. [B3]

BRANDENBURG/H. – St. Gotthardkirche [158–161]. Von dem urspr. Bau aus der 2. H. 12. Jh. ist erhalten der 2türmig angelegte W-Bau aus Granitquadern mit Portal und großem Rundfenster. Als ✻ *Mittelturm* weitergeführt, das Glockengeschoß in Backstein. Der 8eckige Aufsatz mit Haube und Laterne 1767, 1945 zerstört und 1966 rest. – ✻ *Innenraum* eine spätgot. Halle von 7 Jochen mit einem Umgangschor, der innen in 3, außen in 5 Seiten schließt, beg. 1456 durch H. Reinstorp. Die Rundpfeiler haben 4 Dienste mit spiralförmigem Muster. Auf der S-Seite der Kirche 3 Kapellen, die jüngste im W gestiftet 1474. Das Sterngewölbe der mittleren hat Rippen von eigenartig dekorativer Linienführung um 5 Kreise. Die Kapelle auf der N-Seite vor 1472. – Hauptaltar bis 1874 war der vor der O-Wand der mittleren S-Kapelle aufgestellte Ren.-Altar von 1559, die Gemälde darin von dem Leipziger W. Gulden. Die Kanzel – der Korb aus Sandstein, der Deckel aus Holz – ist ein Werk des G. Zimmermann aus Magdeburg, 1623, gestiftet von der Tuchmachergilde der Altstadt, die Namen und Hausmarken der Tuchmacher auf einer Tafel am Kanzelpfeiler. Ebenfalls von 1623 ist der ✻ *baldachinartige Deckel* auf der ✻ *Bronzetaufe* des 13. Jh. Einen bes. reichen Schmuck bilden die teils steinernen, teils hölzernen Ren.-Epitaphien an Wänden und Pfeilern. Ein seltenes Stück spätgot. Gobelinweberei ist der ✻ *Altarbehang* an der N-Wand des Chores, der die Jagd nach dem Einhorn darstellt, niedersächsisch. [B3]

BRANDENBURG/H. – Mühltorturm [162]. Das einzige märkische Beispiel mittelalterlicher Wehrbauten, das durch Inschrift den Baumeister und die Entstehungszeit nennt: Nicolaus Craft aus Stettin, 1411. Vermutlich ein Mitarbeiter des H. Brunsberg beim Bau der Katharinenkirche in Brandenburg. Die Blenden auf den 8 Seiten von ausgeprägtem Vertikalismus, dem das breite Hauptgesims ausgleichend entgegenwirkt. Unterbau 1864 verändert. [B3]

BRANDENBURG/H. – Altstädtisches Rathaus [163, 164]. Gründung der Altstadt 1170. Vom 1. Rathaus nichts überliefert. Das erhaltene, bestehend aus einem älteren und einem im SO angefügten langgestreckten Hauptbau, um 1470–1480. Die Fassaden mit Staffelgiebeln, über der südl. ein blendengeschmückter Turm, sein Oberteil von 1826. Nach 1715, als Altstadt und Neustadt vereinigt wurden, wurde der Bau verschieden genutzt und 1904 als baufällig geräumt. Rest. 1910–1912. – Der Roland dat. 1474, Rest.-Inschriften von 1556 und 1709, stand bis 1946 vor dem Neustädtischen Rathaus. Eine Kopie des 6 m hohen Standbildes vor dem Märkischen Museum Berlin. – Östl. neben dem Rathaus das sog. ✶ *Ordonnanzhaus*, spätgot., der N-Giebel mit Blenden zwischen 6 kräftigen Rundpfeilern. [B3]

BRANDENBURG/H. – WOHNHAUS [165]. Das Haus am Neustädtischen Markt 11 vertritt den Typ des bürgerlichen Wohnbaues an der Wende vom Spätbarock zum Klassizismus um 1780. Den Rhythmus der Fassade bestimmen die durch beide Geschosse gehenden kannelierten Pilaster auf hohem Sockel. Die 4 mittleren Achsen enger als die beiden seitlichen. Charakteristisch für den Übergangsstil sind die zarten Girlanden über den Fenstern des Obergeschosses. [B3]

CAPUTH. – SCHLOSS [166, 167]. Anstelle eines im Dreißigjährigen Krieg zerstörten Schlosses neu erb. von Ph. de Chièze, der den Besitz 1662 von Kurfürst Friedrich Wilhelm geschenkt bekommen hatte. Nach Chièzes Tod wieder kurfürstlich, wurde der Bau 1673–1689 erweitert und neu eingerichtet. Der urspr. Rechteckbau erhielt dabei pavillonartige Seitenflügel und einen Mittelrisalit an der Gartenseite. Der neubar. Erweiterungsflügel am Hof von 1908/09. Aus dem 17. Jh. im Inneren erhalten der mit holländischen Fliesen gekachelte ✶ *Keller*, in der oberen Etage der ✶ *Festsaal* und das sog. Porzellankabinett und einige weitere Räume mit Stuckdecken und Plafondgemälden, eines davon dat. 1687 und signiert von S. Th. Gericke. Beteiligt war wohl auch der Maler A. Terwesten. Neben den Schlössern Köpenick und Oranienburg zählt Caputh zu denjenigen märkischen Beispielen, die den italienisch-niederländischen Dekorationsstil aus der Zeit vor A. Schlüter repräsentieren. [C3]

CHORIN. – ZISTERZIENSERKIRCHE [168–175]. Chorin ist eine Filiation von Lehnin. Bei der Stiftung durch die askanischen Markgrafen Johann I. und Otto III. 1258 wird als Niederlassung eine Insel im Parsteiner See bestimmt, der später erwähnte Pehlitzwerder. Dort Reste der O-Partie eines unvoll. gebliebenen Baues 1939 ergraben: der gerade geschlossene Chor 3schiffig, 4 Pfeilerpaare in engen, auf basilikalen Aufriß hindeutenden Abständen. Baumeister vermutlich der 1260 genannte Conradus aus Lehnin. – 1273 Verlegung nach dem etwa 5 km südwestl. entfernten Chorin und Baubeginn. Das Datum der Vollendung umstritten: meist identifiziert mit der Weihe von 7 Altären 1334; nach jüngeren Erkenntnissen jedoch schon vor dem Tode des Bauherrn Markgraf Otto IV. 1308 – spätestens aber 1319, als die askanische Herrschaft, der Chorin als Hauskloster diente, mit dem Tod seines Nachfolgers Woldemar ausstarb. – Die Kirche ist eine 3schiffige, kreuzförmige Pfeilerbasilika mit kurzem, in einer 7/12 Apside endenden ✶ *Chor*, östl. vom QSch. je 2 2geschossige, rechteckige Nebenchöre. Das ✶ *Lhs.* von 11 Jochen schließt mit einer 3teiligen ✶ *W-Fassade* ab, deren südl. Teil als Blende vor dem Klausurflügel ausgebildet ist. Eine Baufuge zwischen dem 5. und 6. Joch von O trennt den zuerst beg. O-Teil von dem wenig jüngeren 2. Bauabschnitt. – Die Kirche ist das bedeutendste und edelste Werk der Gotik im nordostdeutschen Backsteingebiet und blieb trotz schulbildender Wirkung in der Mark unerreicht. Grundriß und Aufbau in klassischen Proportionen, die Gestalt der Chorapside eine vollkommene Synthese von gelöster Eleganz und rhythmisch strenger Gebundenheit, die W-Fassade von großartiger Wirkung, wegen der Staffelung und der zu Treppentürmen verstärkten, in Steinhelmen endigenden Eckpfeiler aber im ganzen von ernsterem, wehrhaftem Ausdruck. Die Arkadenpfeiler im östl. Lhs. noch abwechselnd als Haupt- und Nebenpfeiler aufgefaßt, die ✱ *Kapitelle* mit Laubwerkornamenten, die in verschiedenen Variationen als Schmuck von Basen, Konsolen, Nischenumrahmungen und Portalkämpfen wiederkehren. Vielgestaltiges, aus dem Haustein übersetztes Maßwerk in den meist 2teiligen Fenstern. – Nach der Säkularisation verfiel die Kirche und wurde seit M. 17. Jh. als Steinbruch benutzt. Verlorengegangen sind die Nebenchöre, die Gewölbe, das südl. SSch. und die Fürstenempore in den 2 W-Jochen des Lhs. Die Wiederentdeckung des Kunstwertes ist ein Verdienst der Romantik. Seit 1828 systematische Sicherung der Ruine, Rest. des Maßwerks ab 1884, letzte Dachdeckung 1966/67. – Die Klostergebäude südl. der Kirche sind zum größeren Teil erhalten, der nördl. Kreuzgang sowie der südl. Klausurflügel mit Kreuzgang und Brunnenhaus noch an Fundamenten und Abbruchspuren abzulesen. Das Abthaus östl. von der Klausur verdorben, die Arkaden im östl. Kreuzgang 1960 freigelegt, die Konsolen neu von W. Grzimek, das Portal am N-Ende 1968 rest. Den urspr. Eindruck vermittelt am besten noch der W-Flügel, in seinem N-Ende der ✱ *Fürstensaal* in

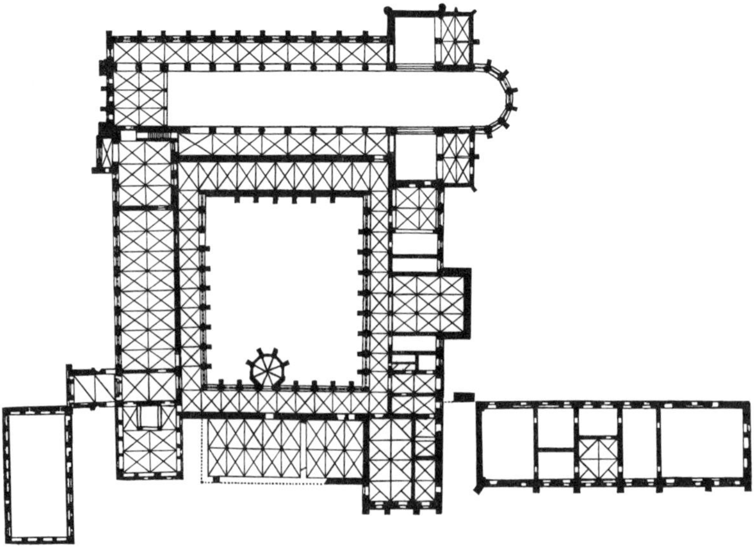

2 × 3 Jochen, das Konversen-Refektorium, das vor die Flucht gestellte ✶ *Pfortenhaus* mit Portal und schön gegliederter Fassade, im S-Teil die gewölbte ✶ *Küche*, das freistehende ✶ *Brauhaus* mit N- und S-Giebel. Selbst diese den Laienbrüdern vorbehaltenen Klausurteile zeichen sich wie die Kirche durch eine schlichte, vornehme Haltung aus. [D2]

COTTBUS. – Oberkirche St. Nikolai [176, 177]. Der Hauptort der Niederlausitz wird 1156 erstmalig erwähnt. Vermutlich hat an der Stelle des heutigen Baues urspr. eine rom. Kirche gestanden. Von der 2., ebenfalls untergegangenen, ist als deren jüngster Teil der querrechteckige Turm erh., die Kirche selber 1346 erwähnt. Der überlieferte Bau beg. mit dem Hallenchor, der außen in 7, innen in 3 Seiten schließt. Die Halle hat mit 8 Jochen ungewöhnlich große Ausmaße, erb. wahrscheinlich in 2 kurz aufeinanderfolgenden Abschnitten, deren Grenze das 5. verstärkte Pfeilerpaar von W bildet. Vielleicht war der Brand von 1468 der unmittelbare Anlaß zu diesem Neubau. Sein überhöhtes MSch. hat ein eigenes Satteldach, die Pultdächer der SSch. sind durch ein fensterloses Mauerband von ihm getrennt. Die Gewölbe im MSch. sind entsprechend höher gelegt. Während sich der Bau im allgemeinen zwanglos in die Reihe der märkischen Hallenkirchen des 15. Jh. einfügt, bildet sein pseudobasilikaler Aufbau eine Sonderlösung, die sehr wahrscheinlich auf schlesische Anregung (Liegnitz) zurückgeht. Der Turmabschluß im 17. und 18. Jh. erneuert. Die Rest. 1891/92 griff erheblich in die urspr. Substanz ein. 1945 wurde die Kirche stark beschädigt, der gegen 1950 beg. Wiederaufbau wurde 1988 voll. Bei dieser Gelegenheit erhielt der prächtige ✶ *Ren.-Altar*, den der Torgauer Bildhauer A. Schultze 1660/61 in Anlehnung an den in Strehla fertigte, eine dem Originalzustand entsprechende Polychromie. [D4]

COTTBUS. – Theater [178]. Die Fassade des 1908 nach Entwürfen von B. Sehring erb. Theaters repräsentiert entwicklungsgeschichtlich den Übergang vom Jugendstil zum neuklassizistischen Kubismus. Während das Motiv des Kinderreigens (über den Seitennischen) noch ganz der natürlichen Bewegtheit des Jugendstils entspricht, erstarrt die Gesamtform zu blockhafter Strenge – Vorstufe z. B. des Baues der Berliner Volksbühne. [D4]

COTTBUS. – Schloss Branitz [179, 180]. 1772 unter August Heinrich Graf v. Pückler erb. Der 2geschossige Bau mit kurzen Seitenflügeln unterscheidet sich nicht wesentlich von den märkischen Landschlössern des 18. Jh. Die 3 Mittelachsen an den Längsseiten leicht vorgezogen und mit Flachgiebel bzw. Segmentbogengiebel bekrönt. Die Rampe und die Freitreppe sowie die Pergola um 1850 von G. Semper angelegt unter Hermann Fürst von Pückler, der den älteren Schloßpark bedeutend erweiterte. In dem neueren Park 2✶ *Erdpyramiden*, die größere, in einem See gelegene, ist die Grabstätte des Fürsten, gest. 1871. Das Schloß jetzt Museum mit Blechen-Gedenkstätte. [D4]

DOBERLUG. – Zisterzienserkirche [181]. Als Stifter gilt der Markgraf Dietrich von Landsberg. Die unterschiedlichen Gründungsdaten von 1165 und 1184 beruhen offenbar auf den unsicheren Verhältnissen in der Zwischenzeit: Der Konvent aus Volkerode verließ Doberlug beim Slawenaufstand von 1178–1180 und gründete die Niederlassung danach aufs neue. Die Kirche – das bedeutendste spätrom. Backsteinbauwerk in der Niederlausitz – ist eine kreuzförmige Basilika mit 5jochigem Lhs. im gebundenen System. Die ältesten, nach 1184 beg. Teile sind der rechteckige Chor, die halbrunde Apsis und das QSch., an das wenig später beiderseits des Chores je 2 rechteckige Kapellen mit Apsiden angefügt wurden, die beiden südl. in 2 Geschossen. Die Chorapsis zeichnet sich durch einen außergewöhnlich reichen, an oberitalienische Vorbilder erinnernden Dekor aus, vor allem in Hinsicht auf das mehrfach gegliederte Hauptgesims. Im Lhs. aus dem 1. V. 13. Jh. setzt sich dagegen eine mehr

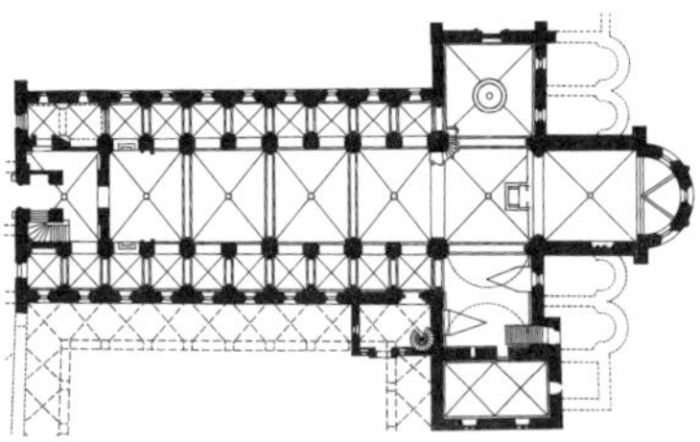

bodenständige, niederdeutsch-dänische Gestaltung durch, die schwere und plastischere Formen der Wandvorlagen und Gurtbögen bevorzugt. In dieselbe Richtung gehört auch das Portal am O-Ende des südl. SSch (1905 erneuert). Das nicht gesicherte Weihedatum von 1228 steht in keinem zeitlichen Widerspruch zu dem Stil des Lhs., das damals voll. worden sein dürfte, freilich noch nicht ganz in der überlieferten Gestalt. Ähnlich dem Bauvorgang der Zisterzienserkirche Lehnin erfuhren im 2. V. 13. Jh. der Chor, das QSch. und das MSch. eine beträchtliche Überhöhung, wobei die Gewölbe im Unterschied zu den gratigen der SSch, doppelwulstige Rippen erhielten, der Apsiskuppel wurden sie nachträglich unterlegt. – Die Rest. von 1905–1909 war von zwiespältigem Erfolg. Während der Putz das Äußere völlig entstellte (die 4 Seitenkapellen im O waren schon vorher verlorengegangen), wurde das getünchte Innere offenbar nach aufgedeckten Resten der Bemalung aus der Bauzeit wiederhergestellt. Die Ausstattung wurde in Erinnerung an die Umwandlung zur Schloßkirche (1673) in den Formen des 17. Jh. neu angefertigt. Der Hauptaltar vom A. 16. Jh. im architektonischen Rahmen des 17. Jh. stammt wie der Passionsaltar um 1490 aus der Kirche in Senftenberg. – Von den Klausurgebäuden, die 1852 ausbrannten, ist nur das 2schiffige Refektorium im S-Flügel verändert erhalten. [C5]

DREHNA. – SCHLOSS [182]. Die von einem Wassergraben umgebene, umfangreiche Vierflügelanlage einheitlich aus der 2. H. 16. Jh. Malerisch verschachtelt die ungleich hohen Flügel mit ✱ *Rundtürmen* von verschiedenem Durchmesser an der W-Seite, einem quadratischen Wehrturm (jetzt Uhrenturm) und giebelgeschmückten, durch einen Altan verbundenen Erkern vor dem N-Flügel. In der Mitte des S-Flügels, dem eine urspr. offene Hofarkade vorgelegt ist, befindet sich die ehem. Kapelle, ein zellengewölbter, im O 3seitig schließender Saal. [D4]

EBERSWALDE. – PFARRKIRCHE ST. MARIA MAGDALENA [183]. Einem um 1240 von dem Brandenburger Bischof Rutger gew. Bau folgt ab 1284 auf Betreiben Albrechts III. eine neue

Kirche unter dem Eindruck von Chorin. Altarweihen 1294 und 1300. Die urspr. Basilika durch Aufstocken der SSch. im 18. Jh. und Umbauten 1874–1876 verändert. Die Portale mit Plastiken aus gebranntem Ton im Stil mitteldeutscher Gießhütten: am südl. Fabel- und Symboltiere, am nördl. Kluge und Törichte Jungfrauen, am westl., einem ✶ *Doppelportal*, Szenen aus dem Alten und Neuen Testament. Vielfiguriger Ren.-Altar 1606. [D2]

FINSTERWALDE. – DREIFALTIGKEITSKIRCHE [184]. Das bedeutendste Ausstattungswerk dieser Kirche, die von M. Piger aus Dresden 1578 in spätgot. Form beg. wurde, ist die aus Sandstein und schwarzem Marmor gefertigte ✶ *Kanzel* von M. Kuntze aus Meißen, 1613–1615. Eine Moses-Figur als Kanzelträger, an den Ecken des Kanzelkorbes freistehende Evangelistenfiguren, in den Feldern Reliefs mit Darstellungen der Heilsgeschichte. Der ebenfalls reich durchgebildete Schalldeckel aus Holz. [D5]

FRANKENDORF. – DORFKIRCHE [185]. Der schlichte Saalbau hat an der O-Seite eine Gruppe von 3 Fenstern, in denen sich spätgot. ✶ *Glasgemälde* befinden, im nördl. die Darstellung des Schmerzensmannes, im mittleren die Kreuzigung, beide unter kielbogigen Baldachinen. Der weiche Gewandstil deutet auf eine Entstehung um 1430. [D4]

FRANKFURT/O. – EHEM. FRANZISKANERKIRCHE [186, 187]. Die Niederlassung erfolgte bald nach der Stadtgründung 1253. Die Kirche beg. um 1270 mit dem 3jochigen Chor, der mit seinem geraden Abschluß eine von Chorin noch nicht beeinflußte Entwicklungsstufe darstellt. Zunächst viell. als selbständiger Saalbau gedacht, wurde ihm bald darauf das 3schiffige Hallen-Lhs. von 6 Jochen und die 2geschossige Sakristei an der N-Seite angefügt. Voll. viell. mit der Weihe von 1301. Das Lhs. wurde 1516–1525 erneuert, dabei Verbreiterung des südl. SSch. und ✶ *Wölbung* der Halle mit verschiedenen Stern- und Netzmustern auf schlanken Achteckpfeilern, auch der hohe ✶ *W-Giebel* aus dieser Zeit. Baumeister war der Franziskaner A. Lange. Die Ausstattung wurde entfernt, als der Bau 1967 von der Stadt übernommen und zur Nutzung als Konzerthalle bestimmt wurde. Der Mittelschrein des Altares in die Gertraudenkirche übernommen. 1970 erfolgte im Zuge der Rest. die Freilegung der Gewölbemalereien im Lhs. [E3]

FRANKFURT/O. – RUINE DER MARIENKIRCHE [188, 189]. Der Bau wurde in der 2. H. 13. Jh. beg. und gelangte durch Umbauten und Erweiterungen im 14. bis 16. Jh. zu bedeutenden Ausmaßen. Urspr. war er eine 3schiffige Hallenkirche mit QSch. nach westfälischem Muster ähnlich dem Gründungsbau der Prenzlauer Marienkirche, das QSch. und MSch. noch mit quadratischen Jochen. Diese Raumordnung ist im wesentlichen erhalten geblieben. Dazugehörig der Unterbau der W-Türme. Um 1367 wurde der viell. rechteckige Chor durch einen Hallenumgangschor mit 7seitigem Abschluß ersetzt. Die Kreuzarme erhielten reichverzierte Giebel, der nördl. mit 3 gleich hohen Wimpergen, in die ein 2teiliges Maßwerk mit Rosetten darüber eingeblendet ist. Die polygonal geschlossene Nordkapelle erb. um 1376. Die in ihre Strebepfeiler eingelassenen Reliefs sowie der bildnerische und heraldische Schmuck am ✶ *Portal aus Sandstein* sind eine ungewöhnliche Bereicherung, die offenbar einer Stiftung Kaiser Karls IV. zuzuschreiben ist. Die äußeren SSch. zu beiden Seiten aus der 1. H. 15. Jh., das nördl. ausgezeichnet durch ein ebenfalls sandsteinernes Portal, bekrönt von einer Büste, die viell. den Baumeister darstellt. Über diesen Schiffen waagerecht abschließende, hohe Schaugiebel, die das Pultdach verdecken. In dem 2geschossigen Anbau südl. des Chores unten die Sakristei, ihr Sterngewölbe laut Inschrift von 1521/22. Nachdem der S-Turm 1826 eingestürzt war, wurde unter K. F. Schinkels Leitung 1830 die Kirche rest., wodurch ihre Originalität erhebliche Einbuße erlitt. – 1945 wurde sie bis auf die Umfassungsmauern zerstört. Wiederhergestellt ist der Anbau südl. des Chores und der N-Turm, dieser vorerst mit einer Notbedachung. Durch Sturm ging 1966 der nördl. Schaugiebel verloren. – Die urspr. reiche und trotz der Zerstörung noch ziemlich vollständig erhaltene Ausstattung, die nach 1945 in der 2geschossigen S-Kapelle untergebracht war, ist insgesamt in die Gertraudenkirche überführt. [E3]

FRANKFURT/O. – GERTRAUDENKIRCHE [190–194]. In dem Bau von 1878, der an die Stelle der 1368 angeblich von den Gewandschneidern gestifteten Kirche getreten ist, befindet sich der Mittelteil eines aus der Franziskanerkirche stammenden ✶ *Schreinaltares.* Er zeigt Christus mit dem ungläubigen Thomas im Kreise der Jünger. Rechts unten der kniende Donator, nach 1500. Die weitere Ausstattung aus älterer Zeit ist aus der Marienkirche überführt worden, u. a. der geschnitzte und bemalte Hauptaltar von 1489, der ✶ *Mittelschrein* mit den lebensgroßen Figuren der Maria, der hl. Hedwig und des hl. Adalbert unter reichen Baldachinen. Auch die spätgotischen Tafelbilder und gemalten Ren.-Epitaphien, die prachtvolle ✶ *Bronzetaufe* des Meisters Arnoldus von 1376 mit zahlreichen Figuren auf dem Kessel und dem turmartigen Deckel sowie der zuvor in der Friedenskirche aufgestellt gewesene ✶ *7armige Standleuchter.* Dem Stil und der Technik nach dürfte dieser 4,7 m hohe Leuchter aus der selben Werkstatt herrühren wie der Taufkessel und daher um 1370/80 entstanden sein. [E3]

FRANKFURT/O. – RATHAUS [194, 195]. In der Gründungsurkunde der Stadt 1253 ist die markgräfliche Erlaubnis zum Bau eines Kaufhauses enthalten. Dieses Gebäude aus der 2. H. 13. Jh. ist im Kern identisch mit dem südl. Saalbau des heutigen Rathauses, das erstmals 1348 ausdrücklich erwähnt wird, damals bereits erweitert um die Gerichtslaube, einen Bau von 2mal 3 quadratischen Jochen auf der N-Seite. Der dazugehörige Giebel umgebaut etwa 1370. Der stattliche S-Giebel mit 2 Reihen von je 3 gleich hohen Wimpergen 1. H. 15. Jh. Die heutige Gestalt des Rathauses geht auf einen Umbau mit Wölbung der Langhallen und Errichtung des N-Turmes durch Thaddäus Paglion zurück, 1607–1609, die Sandsteinsäulen von M. Volden aus Pirna. An der NW-Ecke Ren.-Anbau mit Giebel, die Ren.-Scharren 1864 beseitigt. Rest. des S-Giebels 1906/07. Der Neubau an der O-Seite 1911–1913 anstelle von bar. Wohnhäusern. Das 1945 bis auf die Umfassungsmauern zerstörte Rathaus in mehreren Etappen rest. bis 1978. Im Erdgeschoß

Konzertsaal und * *Galerie* für Gegenwartskunst. [E3]

FRANKFURT/O. – EHEM. JUNKERHAUS [196]. Eines der wenigen bar. Wohnhäuser, die bei der Zerstörung der Stadt 1945 erhalten blieben. Beim Umbau eines älteren Gebäudes zum Junkerhaus 1670–1678 wurde es 1682/83 mit reichen * *Stuckdecken* ausgestattet, an denen die Stukkateure J. Bellon, G. B. Tornielli und G. S. Simonetti gearbeitet haben. Das Portal ist eine Kopie vom Hauptportal der 1694 erb. ehem. Universität, die 1945 verlorenging. Der Bau dient heute als Museum (Museum »Viadrina«). [E3]

FRANKFURT/O. – EHEM. GARNISONSSCHULE [197]. Die Schule wurde 1778 erb. im Auftrag des Prinzen Leopold von Braunschweig (Neffe Friedrichs II.), der hier Regimentskommandeur war. Die einfache, etwas steif wirkende Fassadengliederung charakterisiert den sog. Zopfstil. Die nur knapp heraustretende Mittelachse mit kannelierten Pilastern und Portalverdachung ist noch bar. Tradition. Das Haus ist jetzt Heinrich-von-Kleist-Gedenk- und Forschungsstätte. [E3]

FREYENSTEIN. – ALTES SCHLOSS [198]. Anstelle einer mittelalterlichen Burg erb. 1556. Die urspr. Dreiflügelanlage, mit einer Mauer nach N abgeschlossen, war ehem. von einem Wassergraben umzogen. Jetzt Ruine. Erhalten sind Reste der Außenmauer des S-Flügels mit halbrunden Flankentürmen für das Tor und ein * *Rechteckbau* im NW in voller Höhe, mit segmentbogigen Erkern und einem runden Treppenturm. Der reiche Terrakottenschmuck, vergleichbar mit dem von Wismar, Fürstenhof, und Gadebusch, Rathaus, erinnert an den Lübecker Ren.-Meister St. v. Düren. Einige Terrakotten im Museum Wittstock. [B1]

FÜRSTENWALDE. – RATHAUS [199]. Der rechteckige, 2geschossige Bau mit dem westl. Ziergiebel in Backstein ist einheitlich mit der urspr. offenen, 1511 dat. Halle an der O-Seite errichtet. Beim Bau des Turmes 1624 erhielt der O-Giebel eine Ren.-Gliederung. Nach der weitgehenden Zerstörung 1945 Wiederaufbau 1961–1968 unter Verzicht auf die historisierende Rest. von 1906/07. [D3]

GRANSEE. – RUPPINER TOR [200]. Ein quadratischer Torturm mit Satteldach und 2 Giebeln, 2. V. 15. Jh. Feldseitig 2 Eckstrebepfeiler, die sich über dem Tor zu einer großen Spitzbogennische zusammenschließen. Die * *Stadtseite* bes. reich gegliedert, im Obergeschoß durch abgestufte Blenden mit Sechspaßfries, im Giebel durch steigende Spitzbogenblenden mit Stabwerk und Fialen. Die Giebel rest. im späten 19. Jh. [C2]

GRANSEE. – LUISENDENKMAL [201]. Errichtet zur Erinnerung an die Aufbahrung der Königin Luise von Preußen bei der Überführung vom Sterbeort Hohenzieritz nach Berlin am 25./26. Juli 1810. Kenotaph unter neugot. Baldachinarchitektur nach Entwurf von K. F. Schinkel, in Gußeisen ausgeführt 1811. [C2]

GRANSEE. – PFARRKIRCHE ST. MARIEN [202–204]. Im Zusammenhang mit der Stadtgründung 1262 durch Markgraf Johann I. von Brandenburg entstand der 1. Bau, von dem das feldsteinerne Untergeschoß des querrechteckigen W-Turmes erhalten blieb. Um

1370–1380 Neubau des Hallenchores mit 3 gekoppelten, polygonalen ✱ *Apsiden* und einem monumentalen ✱ *Schaugiebel*, das Lhs. mit 4 Jochen im 2. V. 15. Jh. voll., danach der 2türmig aufgestockte W-Bau, um 1510–1520 die 2geschossige S-Kapelle mit Giebel.

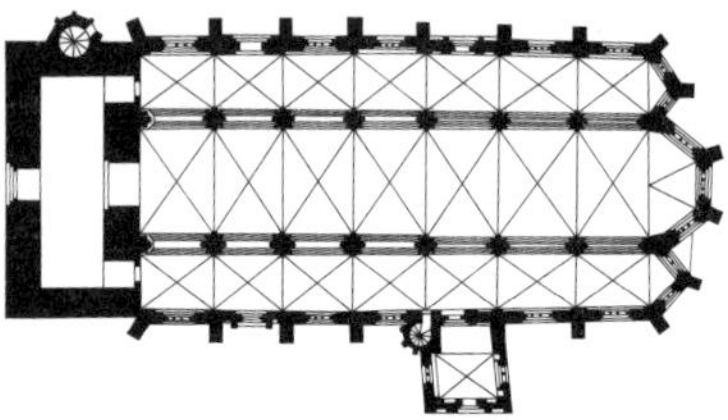

Nach einem Brand 1711 Zergliederung des Innern, u. a. durch Emporen und einen Stützpfeiler für den O-Giebel mitten vor der Hauptapsis. 1862–1864 Wölbung der Turmhalle und Erneuerung der Emporen. Bei der Rest. 1961 bis 1965 wurde der urspr. got. Raumeindruck durch Entfernung der Trennwände im Chor, der Emporen und des Stützpfeilers wiedergewonnen. Freilegung der got. Polychromie, deren dekorative Muster entsprechend den Bauabschnitten wechseln. – Spätgot. Triumphkreuzgruppe, ein gemalter Flügelaltar mit Darstellung der hl. Anna und anderer Heiliger, um 1520, der spätgot. ✱ *Schnitzaltar* aus dem bar. Retabel entfernt und neu gerahmt. Wagner-Orgel 1744. [C2]

GROSSKMEHLEN. – Dorfkirche [205]. Der im Kern got., bar. erweiterte Saalbau enthält als bedeutendes Werk einen aus 2 Schreinen zusammengefügten ✱ *Altar*. Der urspr. Mittelteil des unteren Schreines zeigt 6 Szenen der Georgslegende, der obere eine figurenreiche Kreuzigung. Beide Schreine entstammen der Werkstatt des Brüsseler Meisters J. Bormann, um 1510. Sie kamen hierher offenbar als Geschenk der Gemahlin des Kurfürsten Christian II., einer Prinzessin aus Dänemark, wohin Bormann zahlreiche Werke geliefert hatte. Neuaufstellung um 1620. [D5]

GROSSKMEHLEN. – Schloss [206]. Im 16. Jh. als Wasserschloß angelegt, die runden Ecktürme mit geschweiften Hauben, Ren.-Giebel. Im unteren Hof ein Brunnen mit Delphinen und Putto. Im Innern reich dekorierte ✱ *Stuckdekken*, 4. V. 17. Jh., viell. von italienischen Stukkateuren. [D5]

GRUHNO. – Dorfkirche [207]. Als ✱ *Taufstein* dient ein sandsteinernes Kelchblockkapitell von etwa 1220. Bei der Nähe des Dorfes zu Doberlug erscheint es nicht ausgeschlossen, daß das Kapitell aus den dortigen spätrom. Klostergebäuden stammt, die 1852 durch Brand zerstört und abgetragen wurden. [C5]

HEILIGENGRABE. – Ehem. Zisterzienserinnenkloster [208]. Nach einer 1521 in Rostock gedruckten Historie war eine Wundertat 1287 der Anlaß zur Klostergründung. Die Nonnen kamen aus dem altmärkischen Kloster Neuendorf. Eine Nachricht von 1319 bezieht sich auf eine Beihilfe zum Bau. Indes scheint die überlieferte Anlage – eine Saalkirche von 7 Jochen mit Kreuzgewölben und polygonaler Apsis, die Klausurgebäude mit 4flügeligem Kreuzgang nördl. der Kirche – erb. erst im 15. Jh. Westl. der Kirche die Kapelle des Hl. Grabes, gew. 1512. Über rechteckigem Grundriß auf eingezogenen Strebepfeilern 4 Joche mit Sterngewölben, deren Rippen z. T. als gedrehte Stäbe gebildet

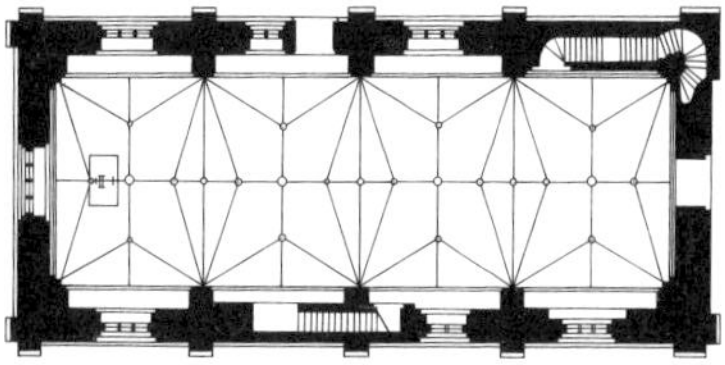

sind. Auf den Schmalseiten ✻*Staffelgiebel*, der westl. bes. reich, Vorbild für eine Reihe von spätgot. Chorgiebeln in der Prignitz. Die Fassung des Inneren und die Ausstattung neugot. 1904.

[B1]

HERZBERG. – PFARRKIRCHE ST. NIKOLAI [209, 210]. Die 3schiffige Halle aus Backstein ist nach M. 14. Jh. beg., 1377 im Bau und um 1430 voll. Das 4. Pfeilerpaar von O – betont starke Kreuzpfeiler anstatt der sonst 8eckigen – bezeichnet mit breiten Gurtbögen die Grenze zwischen den nahezu gleich großen, einheitlich gestalteten Bauteilen von Chor und Lhs. Der 6ek-

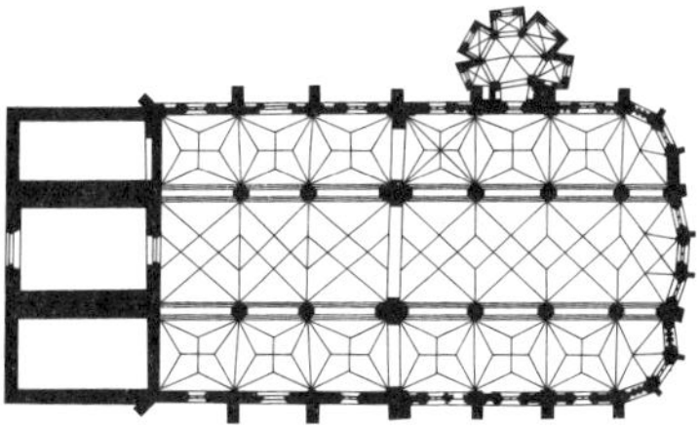

kige Zentralbau der Sakristei mit Rechteckkapellen an den freien Seiten erhielt E. 15. Jh. ein zellengewölbtes Obergeschoß. 1495 stürzte der beim Stadtbrand von 1483 beschädigte Turm ein und wurde 1562 in der überlieferten Gestalt ausgebaut. Eine Besonderheit der Kirche ist ihr O-Abschluß: die Schiffe enden 3apsidial, wobei aber die SSch.-Polygone so weit wie das mittlere vorgezogen sind und dieses wiederum so flach gebrochen ist, daß im Inneren der Eindruck einer Halle mit Chorumgang entsteht. Diese Lösung bedeutet ein entwicklungsgeschichtliches Bindeglied zwischen den Dreiapsidenchören der nördlichen Mark und spätgot. obersächsischen Chören mit gleichwertigen Apsiden. Entsprechend dem für die dekorative Gewölbeform im MSch. des Chores maßgeblichen Vorbild des Domchores in Prag zeigen auch die ✻ *Gewölbemalereien* direkte Anklänge an die böhmische Malerei vom E. 14. Jh. Der einzigartig gut und fast vollständig erhaltene Bilderzyklus entstand in 2 Abschnitten, die Malereien des Chorgewölbes um 1415 in dem für Böhmen bezeichnenden kalligraphisch-rauschenden Gewandstil, die im Lhs. nach 1430 weniger virtuos und im ganzen realistisch vereinfacht.

[C5]

JÜTERBOG. – PFARRKIRCHE ST. NIKOLAI [211–217]. Als Hauptort einer Exklave des Erzstifts Magdeburg 1174 gegr. Dem untergegangenen rom. Bau folgte ein got., für den seit 1366 Altarstiftungen bezeugt sind. Er war eine 3schiffige Halle mit ausgeschiedenem Chor, das Lhs. nach Ausweis der diagonal gestellten Eckstrebepfeiler an der S- und N-Mauer 4 Joche lang, gegen 1430 voll. 1477 entstand die S-Kapelle. Um diese Zeit wurde auch das Lhs. um ein Joch nach W verlängert und der 2türmige W-Bau aus Granitquadern angelegt. Diese erweiterte Kirche 1471 gew. Der Hallenumgangschor, nach märkischer Art innen 3seitig, außen 5seitig geschlossen, aber ohne Randkapellen, ist durch Inschriften 1475 bis 1488 dat. Um 1493 die N-Kapelle mit schönem Staffelgiebel, viell. von dem am Rathaus tätigen Meister Merten. Sächsischen Einfluß zeigen das westl. ✱ *Hauptportal* aus Sandstein gegen M. 15. Jh. und die durch eine Brücke verbundenen W-Türme (voll. vor 1476 und 1501), der Aufsatz des nördl. von 1562 täuschend ähnlich den Turmabschlüssen der Stadtkirche in Wittenberg. Die oberen Teile der S-Kapelle 1693 zerstört und rest. – Die Weiträumigkeit der Halle beruht auf der vom Kernbau übernommenen Gliederung des MSch. in fast quadratische Joche und den verhältnismäßig breiten SSch. – Der bar. Altar von 1700 ersetzt den weit qualitätsvolleren Schreinaltar mit doppelten Flügeln von etwa 1430, dessen Teile auseinandergenommen und an verschiedenen Stellen der Kirche untergebracht wurden. Die 4 auf Goldgrund gemalten ✱ *Tafeln* im nördl. Chorumgang zeigen Bilder aus der Leidensgeschichte Jesu und dem Leben des hl. Nikolaus und hl. Mauritius. Ihr Meister dürfte ein niederdeutscher Maler sein, der bei einem böhmisch beeinflußten Künstler wie Meister Bertram gelernt hat. Umstritten ist die Einordnung der Einzelfiguren und Reliefs, die nur unvollständig überliefert sind. Sicher gehören zu diesem Altar die Wimperge und die urspr. in der Predella aufgestellten 5 Reliquienbüsten. Eine besondere Gruppe bilden 3 Christusfiguren: Christus in der Rast, der Gekreuzigte und der Hl. Grab-Christus. Vermutlich dazugehörig eine ✱ *trauernde Maria*, um 1525. Die S-Kapelle, in der weitere Bildwerke des 15. Jh. aufbewahrt sind, hat ein bes. reich bemaltes ✱ *Gewölbe* und Wandmalereien aus der M. 15. Jh. Der ✱ *Flügelaltar* in der N-Kapelle mit der Beweinung Christi Lucas Cranach zugeschrieben. Im südl. Chorumgang der »Tuchmacherschrank«, reich verziert mit Mauresken, um 1506. Das Sakramentshäuschen aus Sandstein um 1500. Die Kanzel von 1608, Orgelprospekt 1728–1747. [C4]

JÜTERBOG. – RATHAUS [218]. Das Gebäude ist in 2 kurz aufeinander folgenden Abschnitten erb. Der aus der nördl. Langseite vortretende Bau, die Gerichtslaube, ist um 1478 beg. und von Meister Merten 1493 voll., während der Hauptteil mit veränderten Geschossen um 1500 beg. und 1506 im Rohbau fertiggestellt wurde. Er enthält in beiden Stockwerken sowohl flachgedeckte als auch gewölbte Räume, das Bürgermeisterzimmer mit Zellengewölben auf gedrehter Mittelstütze. 2teilige Fenster mit Vorhangbögen aus Backstein. Über den Schmalseiten reiche Ziergiebel. Der Dachreiter 1526, erneuert 1663. Rest. M. 19. Jh., 1904/05 und 20er Jahre. – An der NO-Ecke eine 1960 angefertigte Kopie des Mauritiusstandbildes von 1506 (Original im Heimatmuseum). Die Tür zum ✱ *Bürgermeisterzimmer* um 1506, mit Rankenwerk und Landsknechtsfigur im Kerbschnitt, die Fassung modernisiert. [C4]

JÜTERBOG. – DAMMTOR [219]. Erb. um 1480, unter Verwendung des feldsteinernen Unterbaus aus dem 13./14. Jh. Der Oberteil des Rundturmes aus Backstein mit Zinnen und Kegelhelm. Das Vortor ist erhalten – ein selten gewordenes Beispiel dieses Typs. Der 2geschossige Bau unten durch Blenden geschmückt, oben durch Gitterfriese. Seitliche Rundtürme, die auf den diagonal gestellten Eckpfeilern des Untergeschosses ruhen. Die Zinnen z. T. mit Rundblenden verziert. Auf der Innenseite Reste der beiden Zwingermauern. [C4]

KETZÜR. – DORFKIRCHE [220, 221]. Der Bau ist auf originelle Weise aus 3 verschiedenen Teilen zusammengefügt. Den Mittelteil bildet ein frühgot. 7eckiger Zentralbau, an dessen O-Seite urspr. eine halbrunde Apsis angefügt war. Bei der Erhöhung des Zentralbaues wurde vor 1541 ein quadratischer Turm an der NW-Ecke erb. Der rechteckige Saal im O mit volutengeschmücktem Ren.-Giebel entstand 1599, der Turmabschluß 1793. Der ✱ *Innenraum* und die Ausstattung einheitlich. A. 17. Jh. von noch unberührter Ursprünglichkeit. Die Balken sind mit Ranken und Girlanden, die Felder mit wolkenartiger Musterung bemalt. Der architektonisch aufgefaßte Altar von 1600, seine Wangen mit Roll- und Beschlagwerk. Die Kanzel aus Holz 1605, die ebenfalls hölzerne Taufe 1613, die Empore auf der S-Seite und das Gestühl mit geschnitzten und bemalten Brüstungen aus derselben Zeit. Das Prunkstück bildet das ✱ *Grabdenkmal* derer v. Brösicke vor der N-Wand, 1611–1613 von Chr. Dehne aus Magdeburg. Das unterschiedliche Material – Alabaster und schwarzer Marmor – harmoniert eindrucksvoll mit dem Reichtum an Figuren, Reliefs und Ornamenten im Knorpelstil. [B 3]

KLOSTER ZINNA. – ZISTERZIENSERKLOSTER [222–227]. Das 1171 durch Erzbischof Wichmann von Magdeburg gegr. Kloster ist die 3. der 5 Filiationen von Altenberg bei Köln. Unsichere Verhältnisse dürften der Grund gewesen sein, weshalb mit dem Bau erst um 1220 beg. wurde. Selbst nachdem das Kloster 1226 neu bezogen worden war, erbat der Konvent 1229 eine Verlegung. Die Kirche ist eine kreuzförmige Pfeilerbasilika, deren schlichtes Äußeres durch die vorzügliche Granitqua-

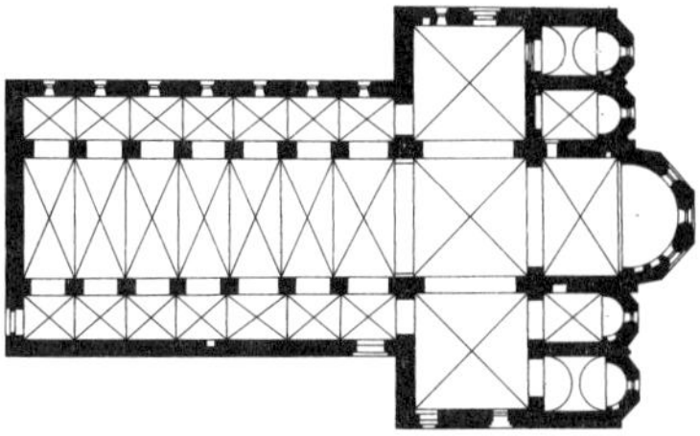

dertechnik wirkt. Die ✱ *O-Teile* mit Hauptchor und je 2 Nebenchören, alle Apsiden innen rund, außen aber polygonal geschlossen. In den äußeren Nebenchören Tonnengewölbe, die übrigen Gewölbe als Ersatz für die urspr. Flachdecke in den Hochschiffen im 15. Jh. eingezogen, aus dem 13. Jh. nur das kuppelige im südl. QSch. Die Gewölbe in den SSch. auf ✱ *Konsolen* mit frühgot. Rankenornament in Stuck gegen M. 13. Jh. Die westl. Vorhalle ist in Abbruchspuren erhalten, die nördl. in Backstein spätgot. – Als Zeichen der Marienverehrung ist im Chorfußboden ein Schriftfeld aus Fliesen mit dem Englischen Gruß in Majuskeln eingelegt. Vom got. Chorgestühl sind einige Wangen erhalten, am qualitätsvollsten die an der S-Wand mit der Darstellung der ✱ *Verkündigung*, mitteldeutsch um 1360. Die Glasgemälde in den Seitenfenstern der Hauptapsis zeigen die Ordensväter Benedikt und Bernhard, A. 16. Jh., rest. um 1900. Eine kleine Monstranz mit halbfigurigen Heiligendarstellungen auf dem Hostienbehälter gehört zu den selten gewordenen Ausstattungswerken der Gotik. Das wertvollste unter den Grabmälern befindet sich im nördl. QSch., ein Epitaph des 1706 gest. J. J. Cratz in schwarzem und weißem Alabaster. – Die Klausurgebäude südl. der Kirche wurden im 18. Jh. abgetragen, die erhaltenen Bauten im SO vermitteln jedoch einen hinreichenden Eindruck von der Stattlichkeit der urspr. Gesamtanlage. Das 2geschossige ehem. Siechen- und Gästehaus mit gewölbten Räumen, der nördl. Ziergiebel aus der Bauzeit 2. V. 14. Jh., der südl. E. 15. Jh. erneuert. An der NO-Ecke schließt sich die ✶ *Neue Abtei* an, um 1450. Während ihr N-Giebel 1940 schmucklos erneuert wurde, ist der südl. reich gegliederte Ziergiebel original – Hauptakzent der malerisch verschachtelten Baugruppe. Gelegentlich der Rest. 1957ff. kamen Wand- und Gewölbemalereien aus der Bauzeit zutage: in der ehem. Abtskapelle im Obergeschoß Darstellungen der ✶ *Schutzmantel-Ursula*, Anna selbdritt und der Hl. Andreas, Sebastian, Bernhard und Mauritius, am Gewölbe des südöstl. Erdgeschoßsaales Distelornamente. Im Saal darüber an der N-Wand die Ermordung des Holofernes und die 3 Starken vor David, um 1480. Die Neue Abtei dient als Heimatmuseum und anderen kulturellen Zwekken. [C4]

KÖNIGS WUSTERHAUSEN. – SCHLOSS [228]. Einen schlichten Ren.-Bau ließ Friedrich Wilhelm I. 1718 erweitern. Der als Jagdschloß benutzte Bau verlor im 19. Jh. seine urspr. Ausstattung. Erhalten geblieben sind nur 2 ✶ *Stuckmedaillons* aus dem Schlüter-Kreis, um 1720, eines davon die Bekränzung einer Venusbüste durch Nymphen und Satyrn darstellend. Beide Stücke seit der Rest. 1966 im Brandenburgischen Landesamt für Denkmalpflege, Berlin. [C3]

KYRITZ. – PFARRKIRCHE ST. MARIEN [229]. Der spätgot. Bau ist eine 6jochige Halle des 15. Jh. mit Benutzung eines Vorgängers aus Granitquadern. Um- und Ausbau 1708–1714. Der urspr. breite W-Turm 1849 abgetragen, an seiner Stelle eine Ziegelfassade ausgeführt. Ein interessantes Werk der volkstümlichen Kunstübung ist die sandsteinerne ✶ *Taufe*, aus deren 8 Seiten jeweils eine Sitzfigur in derbförmiger Gestalt herausgearbeitet ist. Das ikonographische Programm deutet auf eine Entstehung erst nach der Reformation. [B2]

LEHDE. – FREILANDMUSEUM [230]. Der Spreewaldcharakter ist wesentlich durch die Bauernhäuser bestimmt, die seit dem 18. Jh. hier stehen bzw. aus dem Spreewald hierher umgesetzt worden sind. Vorherrschend ist der Blockbau, 1geschossig, strohgedeckt, die Giebellatten über dem First gekreuzt. Die Giebelseite oft durch ein sog. Umgebinde bereichert, d. h. eine Blendenbogenreihe aus Holz oder eine Pfostenreihe mit Kopfbändern. Die abgebildeten Beispiele zeigen Wirtschaftsgebäude, im Vordergrund ein ✶ *Stallgaleriegebäude*, um 1800. [D4]

LEHNIN. – ZISTERZIENSERKLOSTER [231–235]. 1180 von Markgraf Otto I. gegr. und zum Hauskloster der ottonischen Linie der Askanier bestimmt. Der Konvent kam aus Sittichenbach bei Querfurt. Als Otto 1184 starb, mußte er in einer provisorischen Kirche, wahrscheinlich einem kleinen apsislosen Saalbau, beigesetzt werden. Die überlieferte Kirche beg. erst um 1195 und in 2 Abschnitten mit der Weihe von 1262 voll. Sie ist eine kreuzförmige, gänzlich gewölbte Pfeilerbasilika mit einem Lhs. von 5 Jochen im MSch. Die ✶ *Apsis* hat 2 Reihen zu je 5 Rundbogenfenstern. Östl. vom QSch. je 2mal 2, einem Quadrat eingeschriebene Kapellen, die sich in

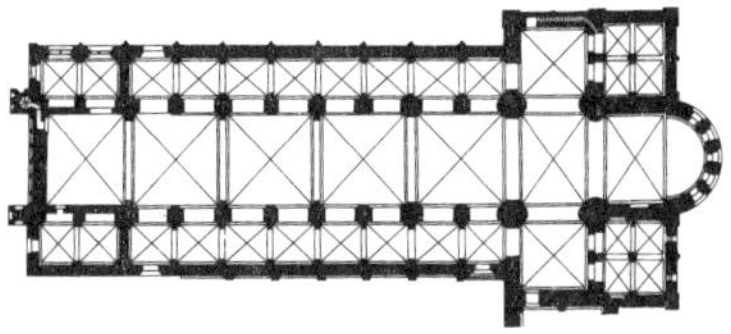

beiden Geschossen zum QSch., zum Chor hin nur im Obergeschoß öffnen. Die O-Teile sind unter dem Eindruck der Prämonstratenserkirchen Jerichow und Brandenburg noch unentschieden in der Anwendung des quadratischen Schematismus, können also nur mit Gurtbögen und flacher Decke bzw. Tonnenwölbung geplant sein. Den Hinweis auf Planänderungen während des 1. Bauabschnitts bieten die in 2 Höhenzonen unterschiedlich gestalteten Wandvorlagen hier und im östl. Joch des Lhs. Erst in den 4 westl. Jochen kommt das gebundene System mit Kreuzrippengewölben auf Diagonaldiensten zu voller Geltung, offenbar als Einwirkung der rheinisch beeinflußten Harlungerberg-Kirche in Brandenburg. Von dorther auch die Anregung, den Bau mit Blenden, Friesen, Platten und Fialen zu schmücken. Mit dem 2. Bauabschnitt verbindet sich der 1260 genannte Name des Magisters Conradus. – Verfall der Kirche seit E. 18. Jh. Bei Rest. 1872–1877 wurden die N-Kapellen, die SSch., das westl. Lhs. mit Fassade von Grund auf erneuert. – Der Christus vom ✱ *Triumphkreuz,* ein rom. Dreinagelkruzifix um 1230, wurde aus der Dorfkirche Groß Briesen bei Brandenburg hierher gegeben, wegen seiner Qualität muß das Werk urspr. jedoch einen anderen, noch unbekannten Standort gehabt haben. Der Kreuzbalken ist nach der Überführung erneuert worden. – Zu den allein in Lehnin bestatteten 14 Angehörigen der Askanier gehörte der Schwiegersohn Kaiser Rudolfs von Habsburg, Markgraf Otto IV., gest. 1303 als Akoluth, daher die Darstellung in Ordenstracht auf seinem ✱ *Grabstein.* Von einem unbekannten, niederländisch beeinflußten Meister stammt das ✱ *Bild des Kalvarienberges,* urspr. die Mitteltafel eines Flügelaltars vom 3. V. 15. Jh., früher im Dom zu Brandenburg/H. – Die Klausurgebäude südl. der Kirche sind nur z. T. erhalten. Das ehem. Abtshaus M. 15. Jh., seine W-Fassade gegliedert durch Gitterfriese, die die Horizontale betonen, der Giebel mit Pfeilern und Stabwerkblenden geschmückt, rest. 1907. [B3]

LIEBEROSE. – Schloss [236]. Früheste Erwähnung einer Wasserburg 1301. Unmittelbarer Vorgänger des heutigen Schlosses war ein 3flügeliger, 2geschossiger Ren.-Bau von Thaddäus Paglion ab 1557. Davon erhalten der bar. veränderte sog. Taubenturm, die mit Fenstern versehene urspr. offene Arkade an der Hofseite des O-Flügels und dessen Keller- und Erdgeschoßgewölbe. Verwüstung beim Stadtbrand 1657. Bei der Wiederherstellung 1658 bis etwa 1695 Einbau reicher ✱ *Stuckdecken* in allen 3 Flügeln. Gegen M. 18. Jh. Anbau eines 4. Flügels auf der S-Seite, Erhöhung der älteren Teile um ein 3. Geschoß und Aufführung eines Turmes mit Kuppel, geschweifter Haube und Laterne nördl. der Einfahrt in dem nun geschlossenen Hof. Vereinheitlichte Gliederung der Außenfronten. Rest. 1908–1911. Bei der schweren Beschädigung 1945 gingen der N-Flügel und der nördl. Teil des W-Flügels verloren. Rest. der Hof- und Außenfassaden 1958–1962. Der Turm neben der Einfahrt 1978 eingestürzt. Das Schloß wird jetzt für verschiedene kommunale Aufgaben genutzt. [D4]

LÜBBEN. – SCHLOSS [237]. Der 3geschossige Bau von 1682 war urspr. Sitz der Oberamtsregierung der Niederlausitz. Der reiche O-Giebel mit korinthischen Halbsäulen in 2 Ordnungen viell. von dem an der Bautzener Ortenburg tätigen M. Pötzsch. An der N-Seite prächtiges ✱ *Sandsteinportal* mit sächsischem Wappen. Der got. Wohnturm im 18. Jh. ausgebaut, 1915 erhöht. – Jetzt Berufsschule. [D4]

LUCKAU. – EHEM. GEORGENKAPELLE [238]. Der Bau besteht nach Art der Dorfkirchen aus einem quadratischen Chor und einem kurzen Schiff, in dessen W-Hälfte der Turmunterbau eingefügt ist. Im Kern 13. Jh., um 1500 sowie 1656 und 1697 verändert, profaniert. Städtebaulich bedeutsam durch die Lage mitten auf dem Markt und durch die beachtliche Höhe des sog. ✱ *Hausmannsturmes*, dessen 5 oktogonale Geschosse von einer Haube gedeckt sind, die in einer 2fach gegliederten Laterne endigt. [C4]

LUCKAU. – PFARRKIRCHE ST. NIKOLAI [239–243]. Die 1., urspr. auch der hl. Maria gew. und nach 1281 beg. Kirche, aus deren Anfangszeit das Quadergeschoß der W-Türme erhalten ist, wurde vermutlich mit der 1348 und 1354 erwähnten Errichtung des Marienaltars und der Turmaufstockung in Backstein voll. Der Umbau in der überlieferten Gestalt geschah nach der Stiftung einer kostbaren Reliquie 1375 durch Kaiser Karl IV. Die Aufforderung von 1387, das Innere auszuschmücken, und die Wiedererrichtung des neuen Marienaltars 1388 bezeugen für die Wallfahrtskirche einen schnellen Bauablauf, der sich offenbar zunächst auf ihren Chor bezieht, eine 4jochige Halle mit 5seitig geschlossenem Umgang und Nischen in der Sokkelzone. Am südl. Chorportal 2 Büsten im vereinfachten Stil der Parler-Zeit – viell. Darstellungen des Kaisers und seiner Gemahlin Elisabeth von Pommern. Nach dem Bau der Sakristei auf der N-Seite wurde das Lhs. von Bau I dem Chor entsprechend durch ein höheres 5jochiges ersetzt und das Ganze einheitlich gewölbt, in den SSch. Sterngewölbe, im ✱ *MSch.* parlerische Netzgewölbe, 1. D. 15. Jh., die im Chor 1644 durch Brand zerstört und 1670 als Kreuzgewölbe erneuert wurden. Die 3jochige Marienkapelle der N-Seite 1430 bis 1437, nach dem Brand von 1477 aufgestockt und 1492 voll. Von den 4 Kapellen der S-Seite ist die westl. durch eine Altarstiftung 1455 dat. – Das Kircheninnere zeichnet sich durch bedeutende bar. Einbauten und Ausstattungswerke aus. Die sandsteinerne, mit Figuren und Ornamenten im Ohrmuschel- und Knorpelstil reich geschmückte ✱ *Kanzel* 1664–1666 von A. Schultze, ihre Bemalung 1681 von Chr. Mätzschke. Der Hauptaltar von A. Jäger 1670. Die ✱ *Orgel* über der halbkreisförmig geschwungenen Empore mit Balusterbrüstungen 1672/73, die musizierende Figurengruppe des Königs David urspr. mechanisch bewegt. Die 2geschossigen Logen im nördl. SSch. mit ✱ *doppelter Wendeltreppe* von 1673. An Wänden und Pfeilern zahlreiche bar. Epitaphien. – Aus mittelalterlicher Zeit ist überliefert ein kleiner ✱ *Reliquienschrein* aus Kupfer mit farbigen Schmelzeinlagen, die Figuren in goldenen Gewändern auf tiefblauem Emailgrund, die Köpfe gesondert plastisch aufgesetzt, 2. H. 13. Jh. aus dem mittelfranzösischen Limoges. [D4]

LUCKAU. – Wohnhaus [244]. Die Häuser am ✱ *Markt Nr. 13,* 30 und 32 zeichnen sich durch eine außergewöhnlich reiche Stuckdekoration ihrer Giebelfassaden aus. Unterschiedlich in der Vertikal- und Horizontalgliederung, ist ihnen gemeinsam die flächenfüllende vegetabile Ornamentik im Stil eines späten Manierismus. Um 1700, viell. von italienischen Stukkateuren. [D4]

LUCKENWALDE. – Pfarrkirche St. Johannis [245, 246]. Unter Verwendung einer älteren Saalkirche aus Feldstein entstand in der 2. H. 15. Jh. eine 2schiffige ✱ *Halle* von 5 Jochen mit kurzem, in 3 Seiten geschlossenem Chor. Von den 2geschossigen Kapellen an den Langseiten ist die südl. urspr., mit Schlingrippen auf dem Giebel, um 1510–1520. Die nördl. Kapelle und die westl. Verlängerung des Lhs. um ein halbes Joch 1905. Im Chor Sterngewölbe mit Birnstabrippen, im Lhs. Kreuzgewölbe mit gekehlten, aus den Achteckpfeilern wachsenden Rippen, die Jochbögen als Gurte. Die ✱ *Malereien* aus der Bauzeit, am östl. Pfeiler der heilige Sebastian, an der N-Wand die heilige Katharina. – Der Marktturm um 1500 nördl. der Kirche wohl von Anfang an als Glockenturm benutzt. [C4]

MARTINSKIRCHEN. – Schloss [247]. 1754–1756 erb. für Graf Friedrich Wilhelm v. Brühl. Während der Entwurf einen nur 2geschossigen Bau vorsah, erfolgte die Ausführung 3geschossig in der üblichen Form einer Dreiflügelanlage, ausgezeichnet jedoch durch das um M. 18. Jh. in der sächsischen Architektur beliebte Motiv eines konvex heraustretenden Mittelrisalits. Die repräsentative Haupttreppe, die nur das Erd- mit dem Mittelgeschoß verband, 1945 beseitigt. Jedoch sind die reichen Stuckdekorationen sowie Wand- und Deckengemälde größtenteils erhalten, bes. prunkvoll der ✱ *Festsaal* im Pavillon. Der Dekorationsstil deutet trotz enger Verwandtschaft mit dem des Baumeisters J. Chr. Knöffel auf dessen Mitarbeiter und Nachfolger F. A. Krubsacius hin. Die Malereien A. F. Oeser zugeschrieben. [C5]

MÜHLBERG. – Zisterzienserinnenkloster Güldenstern [248, 249]. Gegr. 1227 von den Brüdern Bodo und Otto von Reburg. Die Kirche ist ein kreuzförmiger Saalbau, dessen quadratisch gegliedertes QSch. im Übergangsstil um 1230 gestaltet ist: die nördl. Nebenapsis noch über rom. Kleeblattgrundriß, die südl. bereits als got. Polygon 3seitig gebrochen. Der gestreckte Chor mit 5seitiger Apsis nach M. 13. Jh. Das 1330–1350 umgebaute Lhs. wird zu ⅔ von der auf Stützen ruhenden Nonnenempore eingenommen.

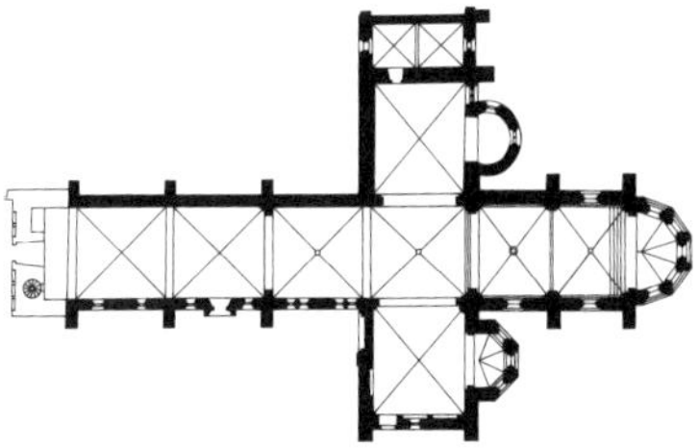

Die ✱ *W-Fassade* 2. H. 15. Jh. Brände von 1643, 1670 und 1727 sowie Instandsetzungen von 1797 und 1851, die letzte 1901 bis 1906, haben die Originalität z. T. beeinträchtigt. Von der Ausstattung ist bemerkenswert der Ren.-Flügelaltar von H. Godechen, 1569, und die Kanzel, 1621. – Die Reste der got. Klausurgebäude wurden mehrmals verändert. Der W-Flügel seit 1717 Herrenhaus. Einen Höhepunkt des spätgot. Dekorationsstils bietet der reiche ∗ *Maßwerk-Staffelgiebel* der Neuen Propstei, um 1530. [C5]

NEUHARDENBERG. – SCHLOSS [250]. An die Stelle eines unbekannten Vorgängers trat 1765 eine 1geschossige Dreiflügelanlage, deren Festsaal und Vestibül 1785–1790 durch J. Mail, vermutlich unter Einfluß von C. G. Langhans, ausgestaltet wurde. Seit 1814 im Besitz des Staatskanzlers Fürst Hardenberg (1945 wurde der nach ihm benannte Ort in Marxwalde umbenannt, seit 1991 wieder Neuhardenberg), der es 1817–1822 durch K. F. Schinkel um das 2. Geschoß vergrößern ließ. Sparsame, klassizistische Gliederung der Fassaden. Im Innern des Baues nur der Festsaal und das Vestibül urspr., die bemalte Stuckdecke und 2 Rundöfen nach Schinkels Entwurf. In dem 1821 nach Plänen von Graf Pückler angelegten Landschaftspark ein Denkmal für Friedrich II. 1792 von J. Mail. Rest. des Schlosses ab 1963. Heute als Kultur- und Bildungsstätte genutzt. [D3]

NEUHARDENBERG. – DORFKIRCHE [251]. Unter Verwendung von Teilen der 1801 abgebrannten Kirche erb. nach K. F. Schinkels Entwurf, voll. 1817. Im Inneren des langgestreckten Rechtecksaales Emporen an den Längsseiten und der W-Wand, ihr Stützenwerk als Pilastergliederung in der halbrunden Apsis aufgenommen. Die Apsis selber ist, ähnlich der Schinkel-Kirche in Straupitz, ins Innere gezogen. Die Ausstattung urspr., bemerkenswert die neugot. Taufe aus Gußeisen, von Schinkel entworfen. Das Mausoleum für Fürst Hardenberg als dorische Säulenhalle 1822 vor der O-Seite. [D3]

NEURUPPIN. – DOMINIKANERKIRCHE ST. TRINITATIS [252, 253]. Der Ruppiner Konvent wurde 1246 bestätigt. Sein Gründer, Gebhardt von Arnstein, wurde 1256 in der Kirche beigesetzt, die nahezu identisch ist mit dem ungewöhnlich langen Chor der überlieferten Kirche. Einer der frühesten Saalbauten in Backstein, den die Bettelorden errichteten. Seine Längswände noch ohne Strebepfeiler, die südl. mit doppeltem Rundbogenfries. Um 1280–1290 Anbau des Lhs., einer Halle mit 5 queroblongen Jochen im MSch. und verhältnismäßig schmalen SSch. Die Rundpfeiler mit 4 Runddiensten nach hessisch-westfälischer Art. Das vielfach gebrochene Chorpolygon und das dekorative Beiwerk unter Einfluß von Chorin, um 1300, gleichzeitig Wölbung des Chores. 1836 bis 1841 Rest. vor allem des Bauschmuckes nach Angaben von K. F. Schinkel. Die Türme in den Ek-

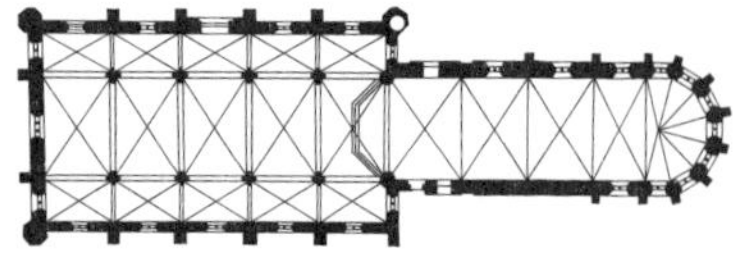

ken zwischen Chor und SSch. 1906/07. – Das ∗ *Altarretabel* aus Sandstein, 2zonig, A. 15. Jh. In der Zelebrantennische eine Mönchsfigur, angeblich der Gründer des Klosters, 2. H. 14. Jh. Eine Pietà in Sandstein 1. V. 15. Jh. [B2]

NEURUPPIN. – PFARRKIRCHE ST. MARIEN [254, 255]. Anstelle der beim Stadtbrand 1787 zerstörten got. Kirche 1801–1804 erb. nach Plänen von Ph. Berson. Dem Gedanken der protestantischen Predigtkirche des 18. Jh. folgend, ist der langgestreckte ✱*Saal* durch Betonung der Querachse zentralisierend angelegt. Der Mittelrisalit der Eingangsseite als ein zur Hälfte vor die Front tretender Kuppelbau ausgebildet, davor der Giebelportikus auf ionischen Pilastern mit einem Supraportenrelief. In dem gegenüberliegenden Risalit befindet sich der Altarraum. Das Innere ringsum mit 2stöckigen Emporen auf toskanischen Säulen. [B2]

NEURUPPIN. – ST. LAZARUSKAPELLE [256]. Der 2jochige Bau mit Netzgewölben und Taustäben als Gewölbediensten gehört zu dem 1490 gegr. Siechenhaus. Die Leibung des ✱*S-Portals* zeigt Tonplatten mit der Darstellung Christi und des hl. Franziskus in wechselnder Folge. Der Bau museal genutzt. [B2]

NEUSTADT/DOSSE. – PFARRKIRCHE [257, 258]. 1673–1696, der Baumeister vermutlich A. Reinhardt. Der Grundriß ist ein griechisches Kreuz mit abgeschrägten Ecken, so daß der Mittelteil ein Achteck bildet. Das Äußere schlicht, Putzquader an den Ekken. Niederländisch beeinflußt. Doppelte Emporen in den 3 Kreuzarmen, im östl. der ✱*Altar,* die *Kanzel* und die *Orgel* übereinandergestellt. [B2]

NEUZELLE. – KATH. STIFTSKIRCHE [259–267]. 1268 gegr. von Heinrich dem Erlauchten, Markgraf von Meißen, zum Seelenheil seiner ersten Gemahlin Agnes, einer Tochter des Przemyslidenkönigs Ottokar. Besetzt 1281 von Zisterziensern aus Altzella. Um diese Zeit die Kirche beg., in Abkehr von der Tradition als 3schiffige Halle mit gerade geschlossenem Chor ohne QSch. Zumindest die 4 östl. Joche bei den Altarweihen von 1330 und der nach der Klostertradition 1334 erfolgten Übersiedlung der Mönche aus dem nahen »Starcedel« voll., etwa 1380–1390 »um viele Ellen gegenüber früher erweitert«. Erneuerung der O- und W-Giebel 2. D. 15. Jh. Der einheitlich got. Kern am System der Achteck- und Strebepfeiler sowie anderen Details erkennbar, z. B. den beiden unverputzten Backsteingiebeln unter dem Dach und den Portalen im 4. und 5. östl. Joch der N-Seite. Die spätgot. Gewölbe sind nahezu vollständig unter der Verkleidung des 17. Jh. erhalten. Nach dem Dreißigjährigen Krieg gründliche Veränderung durch italienische, aus Prag berufene Künstler im manier. Stil: untergelegtes Tonnengewölbe mit Stichkappen, im alternierenden Wechsel zu den Stützen, ausladende Volutenkapitelle mit figürlichen Details und darüber ein Apostelzyklus, stuckiertes Ornament auf allen Flächen, 2reihige Gliederung der breiten Rundbogenfenster. Nachweislich beteiligt der Baumeister und Stukkateur J. B. Cometa. Die ✱ *Gewölbemalereien* von J. Vanet, dat. 1654–1658 und signiert im MSch., 2. Pfeilerpaar von W, wo auch die got. Klosteranlage dargestellt ist. Gesteigerte Bautätigkeit unter den Äbten Conradus (1703–1727) und Martinus (1727–1741) unter dem Einfluß des böhmischen Barock: Sakristei, Vorhalle mit konvex geschwungener Fassade 1730, darüber Uhrenturm, Presbyterium mit Altan 1736–1739, Zentralbau der Josephskapelle an der S-Seite. Glanzvolle Ausstattung durch die Wessobrunner Stukkateurfamilie Hennevogel. Thematisch einmalig die Emmaus-Gruppe am ✱ *Hochaltar*, dessen Gloriole in die illusionistisch bemalten Gewölbe übergeht, dat. 1740. Der Maler ist G. W. Neunherz, von ihm auch die ✱ *Wandgemälde* der unteren Fensterzone, Illustrationen der Namen-Jesu-Litanei. Das Bild des Hochaltars sowie einiger anderer Altäre in der Nachfolge des M. Willmann aus Schlesien. Die inhaltliche Rangordnung der Altäre ist kongruent mit ihrer künstlerischen Qualität. Nächst dem Hochaltar und ihm eng verwandt die Altäre des Benediktus (mit einer Kreuzigungsgruppe von J. J Kändler), O-Wand nördl. SSch., und des Bernardus gegenüber, westl. davon der Marien- und der Kindheit-Jesu-Altar, der ✱ *Pietà*- und der Kreuzigungsaltar, in der Mitte der Halle die ✱ *Kanzel* und der Taufaltar, dann der Verkündigungs- und der Nepomukaltar. Vor dem westl. Pfeilerpaar der Annenaltar, dessen Gemälde von J. F. Seifrid, und der Antoniusaltar. Künstlerischer Höhepunkt dieser Reihe sind Kanzel und Taufaltar, viell. von einem Prager Meister, der Altar signiert von dem Faßmaler J. W. Löw aus Teplitz 1730. Das Innere der Josephskapelle reich an Stuckmarmor, die Kuppelmalerei von Neunherz, von ihm auch das Hauptbild in der Vorhalle mit dem Stifterpaar Heinrich und Agnes sowie Abt Martinus. Auserlesenes Kunsthandwerk u. a. Kelche E. 15. Jh., 5 Kelche und 3 Monstranzen 1700–1740, darunter die ✱ *Große Monstranz*. Kreuzigungsgruppe des Hochaltars 1718, 2 Sanktusleuchter M. 17. Jh., Abtstab um 1650, Abtstuhl 1733. Umfangreichste und bedeutendste Sammlung bar. Paramente in NO-Deutschland, u. a. der Weiheornat des Abts Martin 1739. – In der got. Sakristei ✱ *Gewölbeschlußsteine* aus der Parler-Schule um 1370, in der Klausur ebenfalls figürliche und vegetabile Konsolen und Schlußsteine. Umbau ab 1711. Nach Auflösung des Klosters 1817 Schule. Brand 1892, Rest. 1894–1897. Kanzlei- und Gastgebäude südwestl. der Kirche 1723, jetzt Priesterseminar. Stiftsportal mit hofseitiger Arkatur beg. unter Abt Martin, voll. 1774. [E4]

NEUZELLE. – Pfarrkirche zum Heiligen Kreuz [268]. Der inschriftlich 1354 entstandene Bau ist völlig in dem bar. von 1728–1734 aufgegangen, einer Kreuzkuppelkirche mit Rundapsis, 3schiffigem Hallen-Lhs. von 3 Jochen und 2 um 1850 veränderten W-Türmen. Die Kreuzarme, außen ausge-

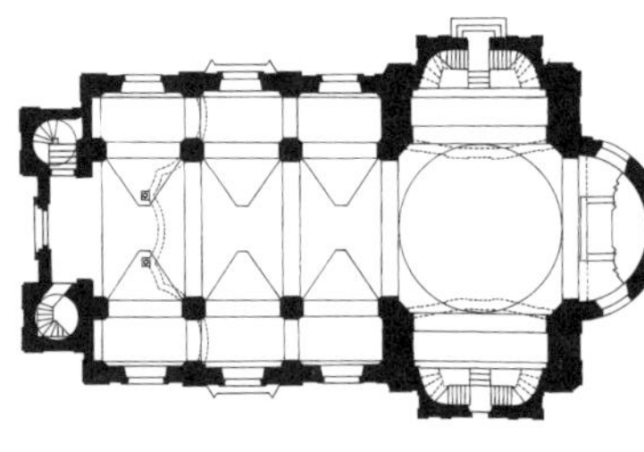

bildet nur als giebelbekrönte Risalite, fluchten innen mit den schmalen SSch. Der ungewöhnliche Raumtyp sowie der Reichtum und die Qualität der Ausstattung verstehen sich aus dem Werkstattzusammenhang mit der Klosterkirche Neuzelle, starker Einfluß des böhmischen Barock. Der ✱ *Kreuzigungsaltar*, die für Prozessionen fahrbar eingerichtete Kanzel und die Reliefs an der N- und S-Empore von einem Prager Meister, viell. M. Braun. Die Stukkaturen von dem Wessobrunner C. Hennevogel, z. T. auch von dessen Sohn Johann Wilhelm. Die Malereien in der Kuppel nach Art des G.W. Neunherz, die in den Gewölben von anderer Hand und wohl auch später, alle aber in unverfälschtem Zustand. Die Farbigkeit des Äußeren 1965 nach Befund rest. [E4]

ORANIENBURG. – SCHLOSS [269]. Anstelle der seit 1579 als Jagdschloß genutzten mittelalterlichen Wasserburg Bötzow ließ die Kurfürstin Luise Henriette ab 1651 durch J. G. Memhardt und M.M. Smids ein Ren.-Schloß bauen. Unter Kurfürst Friedrich III. übernahm J. A. Nering die Bauleitung, gestaltete 1690 den ehem. Hauptbau zum Corps de Logis um und fügte 2 Seitenflügel an, die nach S den Ehrenhof und nach N einen 2. Hof einfassen, den M. Grünberg mit einer abschließenden Arkadengalerie 1695 vollendete. Mit diesem Bau, der noch Elemente des holländischen Einflusses zeigt, wird die plastisch-kraftvolle Gliederung der Kolossalordnung als das eigentliche Motiv des Preußischen Stiles in die Architektur eingeführt. 1945 durch Brückensprengung schwer beschädigt, rest. 1948–1960. Das Innere modern bis auf die reich stukkierte Decke der ehem. Porzellankammer im NW-Flügel, das Rundbild von A. Terwesten, rest. 1965. [C2]

PARETZ. – DORFKIRCHE [270, 271]. Der mittelalterliche Bau 1797/98 zu einem der frühesten Werke der Neugotik verändert, viell. unter Beteiligung von D. Gilly. 2 rom. ✱ *Rundscheiben* – Köpfe der Obödientia und einer nicht bez. Heiligen – zum sächsischen Kunstkreis gehörig, um 1210–1220. 1962 durch Kopien ersetzt, die Originale im Dom-Museum Brandenburg. Mauritius-Fenster 1539. ✱ *Gedenktafel* für die Königin Luise, von G. Schadow 1811, die Verstorbene in der Verklärung dargestellt, umgeben von den 4 Tugenden. [B3]

PECHÜLE. – DORFKIRCHE [272, 273]. Die spätrom. Saalkirche aus der 1. H. 13. Jh. mit Rundapsis und eingezogenem Chor, der ein 6kappiges Kreuzgewölbe hat, erhielt im 15. Jh. einen W-Turm aus Feldstein. Gleichzeitig wurde das ✱ *Schiff* durch 3 Mittelpfeiler längsgeteilt und gewölbt. Reste der spätgot. Ausmalung, u. a. eine Christophorus-Darstellung, 1960 freigelegt. Das ✱ *Altarbild* – Leinwand auf Holz – zeigt auf 2 Streifen zu je 8 Bildern die Passionsgeschichte. Die Art der Darstellung erinnert an den Meister von Hohenfurth, die Drastik der Erzählung jedoch ist verwandt den Predellenbildern des sog. Böhmischen Altars im Brandenburger Dom. Das Bild dürfte um 1380 zu datieren sein. [B4]

POTSDAM. – EHEM. RATHAUS [274]. Der 1. Bau nach 1536, der 2. von P. v. Gayette 1720–1722, der 3. und überlieferte 1753 von J. Boumann und C. L. Hildebrant nach einem Entwurf Palladios für den Palazzo Angarano. Die Figuren auf dem Attikageschoß 1754 von J. M. Heymüller, der den Turmbau bekrönende Atlas, 1754 von B. Giese modelliert, infolge mangelhafter Statik 1776 herabgestürzt und ersetzt durch einen von J. Ch. Wohler gefertigten und von F. Jury gegossenen. Der im Krieg schwer beschädigte Bau 1956–1966 wieder aufgebaut, das Äußere entsprechend dem Original von 1753, die Figuren kopiert, der weitgehend unversehrt gebliebene Atlas neu vergoldet. Heute Kulturhaus. [C3]

POTSDAM. – MARSTALL [275]. 1675 von J. A. Nering als Orangerie des ehem. Lustgartens erb. und seit 1714 als Pferdestall genutzt. Bei der Umgestaltung des Schloßbezirks 1746 nach G. W. v. Knobelsdorffs Plänen durch A. Krüger um 12 Achsen nach W verlängert und um ein Attikageschoß erhöht. Der überaus langgestreckte Bau erhält durch kräftige, von rustizierten Säulenordnungen beherrschte Risalite, die durch reich bewegte Pferde- und Reitergruppen von F. C. Glume betont werden, eine akzentuierte Gliederung. Urspr. durch die sog. Ringerkolonnade mit dem 1945 zerstörten, 1962 beseitigten Stadtschloß verbunden. Jetzt Filmmuseum. [C3]

POTSDAM. – LANGER STALL [276]. An der O-Seite der Plantage ließ Friedrich Wilhelm I. 1734 von P. v. Gayette ein Reit- und Exerzierhaus bauen. Der Fachwerkbau hatte eine damals viel bewunderte freitragende Dachkonstruktion. Der massive * *Kopfbau* an der südl. Schmalseite 1781 nach Entwürfen von G. Ch. Unger knüpft in der Portikusgliederung an das Berliner Zeughaus an. Der figürliche und ornamentale Schmuck von J. C. Wohler d. Ä. und K. J. Sartori. Bei der Zerstörung 1945 blieb der Kopfbau als Ruine erhalten. [C3]

POTSDAM. – STALL FÜR KUTSCHPFERDE [277]. Anstelle eines um 1672 erb. Stall- und Remisengebäudes ließ Friedrich Wilhelm II. 1787 bis 1789 durch A. L. Krüger d. J. einen Neubau errichten. Das Äußere von straffer toskanischer Ordnung, in der Mitte ein triumphbogenähnlicher Portalrisalit, auf dem Architrav bewegte Pferdegruppen und auf die Nutzung des Baues hinweisende Genredarstellungen von J. C. Wohler d. Ä. und J. Eckstein. Das Innere durch Pfeiler in 3 Längsbahnen geteilt, die außenseitigen urspr. für die Pferdeboxen. [C3]

POTSDAM. – BRANDENBURGER TOR [278]. Nach Motiven des Trajansbogens 1770 von K. v. Gontard und G. Ch. Unger erb. Die Seitendurchgänge urspr. Torschreiberstuben. Der Bau – ähnlich wie das Neue Palais – als Siegeszeichen nach Beendigung des Siebenjährigen Krieges gedacht. [C3]

POTSDAM. – ALTE WACHE [279]. 1795–1797 erb. von A. L. Krüger in Anlehnung an die Berliner Mohrenkolonnaden von C. G. Langhans d. Ä. Dem 2geschossigen Bau sind an den beiden Hauptseiten Bogenhallen auf gekoppelten Säulen vorgelegt. Auf der Attika Mars und Bellona nebst Trophäen. Die Alte Wache ist ein bemerkenswertes Werk des sog. Zopfstils, mit dem der Frühklassizismus ausklingt. [C3]

POTSDAM. – MITTELSTRASSE [280]. Diese Straße ist der am besten erhaltene Teil des * *»Holländischen Viertels«*, das unter Friedrich Wilhelm I. 1737 beg. und unter Friedrich II. 1740 bis 1742 voll. wurde. Urspr. für holländische Ansiedler bestimmt. Die Häuser in Ziegelrohbau mit verschiedenen Giebelformen, häufig Stumpfgiebeln, wechseln mit Reihenhäusern. Baumeister war der Holländer J. Boumann d. Ä. [C3]

POTSDAM. – NAUENER TOR [281]. Nach einer Skizze Friedrichs II. erb. von J. G. Büring 1755. Der 1. Bau des von England beeinflußten neugot. Stils auf dem Festland. 1869 Erhöhung der Torhäuschen, sämtlicher Zinnenkränze und der Tordurchfahrt. Die Maskenköpfe von B. Giese. [C3]

POTSDAM. – NIKOLAIKIRCHE [282, 283]. Der unmittelbare Vorgänger von 1724 bis 1753 nach dem Brand 1795 abgetragen mit Ausnahme der Fassade, die bis 1811 erhalten blieb. Ausgangspunkt für den Neubau war ein Plan F. Gillys von 1797, dessen Grundge-

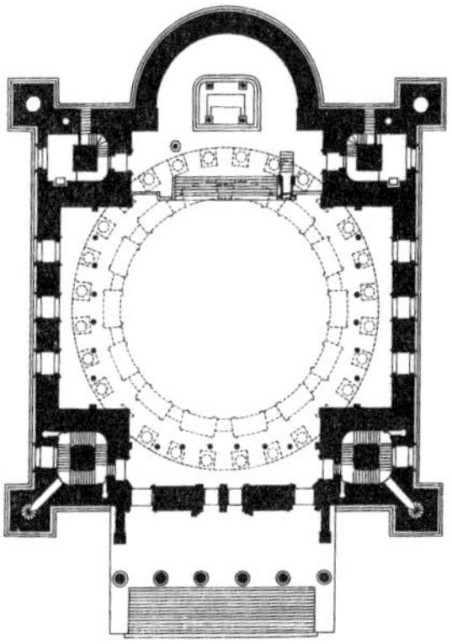

danke – ein Blockbau mit hoher Attika und vorgelegter Säulenhalle – von K. F. Schinkel übernommen wurde. Die Ausführung des Unterbaues durch ihn 1831–1837. Der von Säulen umgebene Tambour mit Kuppel und die 4 Ecktürme 1843–1848 nach Schinkels Plan voll. von L. Persius und F. A. Stüler, die Kuppelelemente erstmals gußeisern vorgefertigt von Borsig in Berlin. Kuppel und Portikus 1945 zerstört. Die Rest. 1969–1981. [C3]

POTSDAM. – EHEM. MILITÄRWAISENHAUS [284]. Eine urspr. 3flügelige Anlage in Fachwerk von 1722–1724, um einen 4. Flügel 1739–1742 erweitert, wurde 1771–1778 nach Entwürfen von K. v. Gontard neu erb., trotz der Reduzierung der beabsichtigten Ausmaße noch immer von stattlicher Erscheinung. Die 4geschossigen Fronten durch Haupt- und Nebenrisalite gegliedert, die ersteren betont durch strenge toskanische Pilasterordnung und skulpturengeschmückte Dreiecksgiebel. Die Mitte der Eingangsfront in der Lindenstraße ist durch ein podestartiges Attikageschoß erhöht, über dem sich als Bekrönung ein offener Rundtempel mit korinthischen Säulen und einer Kuppel erhebt. Dieser Aufbau 1945 zerstört. Erhalten geblieben ist das einzigartige ✱ *Treppenhaus*, dessen Läufe spiralförmig um einen Kern von übereinandergeordneten und durch Oberlicht verbundenen Kuppelräumen herumgeführt sind. Heute als Internat der Pädagogischen Hochschule und zugleich als »Haus der Gewerkschaften« genutzt. [C3]

POTSDAM. – MARMORPALAIS [285]. Das Gelände am N-Ufer des Heiligen Sees ließ Friedrich Wilhelm II. 1787 bis 1791 durch J. A. Eyserbeck d. J. in einen englischen Landschaftsgarten nach dem Vorbild des Wörlitzer Parks umgestalten, den sog. Neuen Garten. Gleichzeitig entstand auf einer in den See gebauten Terrasse das Palais nach Plänen von K. v. Gontard – eine seiner reifsten und besten Schöpfungen. Das kubische Gebäude wird von einem Belvedere bekrönt, die Strukturglieder aus hellgrauem schlesischem Marmor setzen sich wirkungsvoll von den zart reliefierten Ziegelflächen ab. Der Bildschmuck nach Entwürfen von C. B. Rode. Das Innere voll. nach 1790 von C. G. Langhans d. Ä. unter Bauleitung von A. L. Krüger. Die überwiegend antikisierende Raumdekoration von erlesenem Geschmack kommt durch zweckentfremdete Nutzung nur ungenügend zur Geltung. Wird z. Z. rest., zukünftig als Palais zu besichtigen. – Die beiden Hofflügel entstanden 1797 und wurden 1845 ausgebaut. [C3]

POTSDAM. – SCHLOSS CECILIENHOF [286]. Der um mehrere Höfe gruppierte Fachwerkbau nach Art englischer Landsitze im Neuen Garten erb. 1913–1917 von P. Schultze-Naumburg. Gedenkstätte an das Potsdamer Abkommen, das 1945 hier unterzeichnet wurde. [C3]

POTSDAM. – EINSTEINTURM [287]. Als Astrophysikalisches Institut mit Observatorium von E. Mendelsohn 1917 in Skizzen vorbereitet und 1920/21 erb., ist der Turm in seiner funktionssymbolischen, dem Schiffbau entlehnten Form eines der internatio-

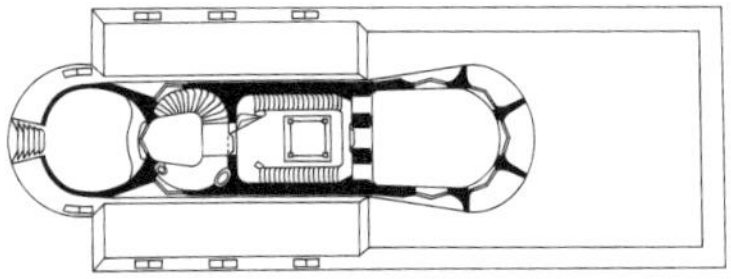

nal bedeutendsten Beispiele für den Expressionismus in der Baukunst und von nachhaltiger Wirkung auf die Folgezeit. Die Innenausstattung und das Instrumentarium größtenteils noch vom Anfang der zwanziger Jahre. [C3]

POTSDAM - BABELSBERG. – SCHLOSS [288, 289]. 1834 beg. von K. F. Schinkel im Stil neugot. englischer Landsitze, der Grundriß asymmetrisch, der Aufbau zwanglos malerisch mit zinnenbekrönten Türmen und Pfeilern, einem Bogengang, Erker, Tor und Terrassen. Fortführung 1841 durch L. Persius, seit 1845 durch J. H. Strack, von diesem das urspr. bescheidene Landhaus umgewandelt in ein Prachtschloß im spätromantischen Burgenstil, mit unruhiger Silhouette und flacher Ornamentik. Das Innere nach 1850 im Sinne des historisierenden Eklektizismus neu eingerichtet. Davon heute erhalten der oktogonale ✱ *Tanzsaal* und der in Anlehnung an die Repräsentationsräume im Londoner Windsor Castle gestaltete Speisesaal. – Der englische Park 1833–1843 von P. J. Lenné, später von Fürst Pückler-Muskau, mit Gartenarchitekturen und Erinnerungsmalen, u. a. der Gerichtslaube des alten Berliner Rathauses, das 1871 einem Neubau hatte weichen müssen. [C3]

POTSDAM-SANSSOUCI. – SCHLOSS SANSSOUCI [290–296]. Als Sommerresidenz 1745–1747 erb. nach Skizzen Friedrichs II. von G. W. v. Knobelsdorff auf dem 1744 eigens dafür angelegten Weinberg. Das Schloß ist ein langgestreckter 1geschossiger Bau, nach dem Willen des Königs fast ebenerdig, um bequem ins Freie gelangen zu können. Die Mitte bildet ein aus der südl. Fassadenflucht hervortretender Kuppelsaal über ovalem Grundriß. An den Schmalseiten runde Pavillons – eine Erinnerung an die Rundtürme des Rheinsberger Schlosses. Die unkon-

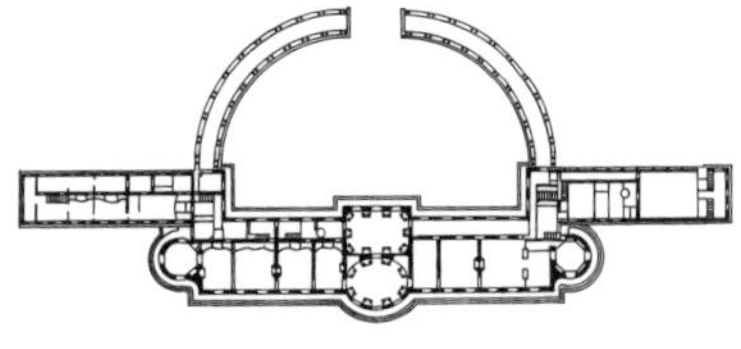

ventionell heitere Note der Gartenfront architektonisch gekennzeichnet durch die arkadenähnlich großen Fenstertüren, plastisch durch die ✱ *Hermen*, die aus Pilastern herauswachsen und das Gebälk tragen. Diese Bacchanten und Bacchantinnen sowie die Putten und Vasen auf der Balustrade von F. C. Glume. Die N-Seite im ganzen offiziell-nüchterner, der Ehrenhof im Halbkreis eingefaßt von einer * *Säulenkolonnade.* Das Innere symmetrisch angelegt; in der Mitte der Parolesaal und der * *Marmorsaal,* die Wohnräume in den Flügeln nach S, die untergeordneten nach N gerichtet. Außer dem Marmorsaal, der A. v. Menzel zu seiner »Tafelrunde« angeregt hat, sind Höhepunkte dekorativer Raumkunst des Rokoko die * *Bibliothek* in Zedernholz mit Bronzebeschlägen und das * *Musikzimmer,* beide von J. A. Nahl, die Wandgemälde von A. Pesne. Das Arbeitszimmer mit Schlafkabinett 1787 durch F. W. v. Erdmannsdorff verändert. – Die verlängerten Seitenflügel 1841 von L. Persius und F. H. v. Arnim. – Laubengänge und -kabinette mit Ornamenten 1746, im östl. Kabinett die Statuette des »Betenden Knaben«, Kopie des urspr. hier befindlichen Originals vom E. 4. Jh. v. u. Z. – Einzigartig in Norddeutschland ist die Verschmelzung des Schlosses mit der gestalteten Parklandschaft. In der Mittelachse des Schlosses nach N der »Ruinenberg«, nach S die Weinbergterrassen mit Mitteltreppe und das Parterre mit der Großen Fontäne, diese von 1748, verändert von L. Persius 1842. [C3]

POTSDAM-SANSSOUCI. – NEUE KAMMERN [297]. 1747 erb. von G. W. v. Knobelsdorff als Orangerie, die im Sommer für Theaterspiele benutzt wurde. Umbau zum Gästehaus durch G. C. Unger 1771–1774, die Laternenkuppel angeglichen an die auf der Bildergalerie. Diese und die Neuen Kammern als Rahmen für das Schloß Sanssouci angelegt, von dem beide den architektonischen Typ übernehmen, im ganzen aber schlichter. Die Plastiken verweisen inhaltlich auf die Nutzung des Baues als Orangerie, 1747 von F. C. Glume. Vor der Gartenfassade italienische Bildwerke aus Carrara, vielfach Wiederholungen von Antiken. Der Bau wird seit 1959 für Ausstellungen des Potsdamer Rokoko genutzt. [C3]

POTSDAM-SANSSOUCI. – BILDERGALERIE [298, 299]. An die Stelle eines 1747 erb. Treibhauses trat die Bildergalerie als Aufbewahrungsort für die königliche Gemäldesammlung, 1755 bis 1763 von J. G. Büring. Dem Schloß Sanssouci subordiniert und östl. von ihm als Pendant zu den Neuen Kammern angelegt, folgt sie dem für das Schloß typischen Aufbau – langgestreckt, 1geschossig und ebenerdig, der Mittelrisalit elliptisch und mit einer Kuppel betont. Die Flügel haben jeweils 2 flachere Risalite. Die Bauplastik von J. P. Benckert, B. Giese und G. Heymüller. Die Schlußsteinköpfe über den Fenstern der Garten- und der O-Seite stellen bekannte italienische, niederländische und deutsche Maler dar. Das * *Innere* ist ein einheitlicher Raum mit flachbogiger Stuckdecke, die Dekoration mit figürlichen Stukkaturen von K. J. Sartori und J. M. Merck. – Vor dem Bau eine Terrasse und der Holländische Garten, angelegt von J. L. Heydert 1763–1766. [C3]

POTSDAM-SANSSOUCI. – NEUES PALAIS [300–303]. Schon 1755 plante Friedrich II. den Bau eines neuen Schlosses an der Havel in der Achse von Schloß Sanssouci. Der Siebenjährige Krieg vereitelte jedoch die Ausführung. 1763–1769 entstand als demonstrativer Ausdruck für die ungebrochene Kraft des Königreiches das Neue Palais, von Friedrich selber als Fanfaronade bezeichnet. Baumeister waren zunächst G. Büring, H. L. Manger und J. L. Legeay, ab 1765 K. v. Gontard. Die 3flügelige Anlage, nunmehr als westl. Abschluß der Hauptachse des Parkes, hat eine Gartenfront von nahezu 240 m Länge, 2 hohe und 1 Mezzaningeschoß in 25 Achsen von durchgehender korinthischer Ordnung. Der Wechsel von Sandsteingliederungen und Ziegelflächen erinnert an holländische und westfälische Vorbilder. Der Stil, schwer und üppig, bedeutet nach den klassischen Formulierungen G. W. v. Knobelsdorffs einen Rückgriff auf den Hochbarock, ohne jedoch seine natürliche Urwüchsigkeit wiederzuerlangen. Er charakterisiert den Geschmack des alternden Bauherrn. Die kupferne Kuppel, urspr. z. T. vergoldet, im Verhältnis zur Fassadengestaltung nüchtern und großflächig. In den Proportionen gefälliger sind die 1geschossigen S- und N-Anbauten, ebenfalls mit Kuppeln. Den architektonischen Dimensionen entspricht der plastische Aufwand: 292 Großfiguren und 196 Putten, von J. P. Benckert, G. Heymüller, J. C. Wohler, den Gebr. J. D. und L. W. Räntz sowie J. Kaplunger, J. Eckstein u. a. Die Balustrade vor der Gartenfront mit Plastiken von W. Schott, R. Begas u. a. 1889 bis 1894. Das Innere enthält mehr als 200 Räume, an der Gartenseite die repräsentativen, davon hervorzuheben der ✶ *Marmor-* und der ✶ *Spiegelsaal,* in den Flügeln die Wohnräume. Die Dekorationen in prächtigstem Rokoko, die besten z. B. im Konzertsaal von J. C. Hoppenhaupt. Das ✶ *Theater* im südl. Seitenflügel ist nach 1945 das einzige unversehrt erhaltene Beispiel dieser Art. [C3]

POTSDAM-SANSSOUCI. – Communs [304]. Entworfen von J. L. Legeay, erb. von K. v. Gontard 1765–1769. Die Communs dienten den Wirtschaftseinrichtungen des Hofes, in den oberen Geschossen waren Wohn- und Logierzimmer für das königliche Gefolge und für fremde Besucher. Die Baugruppe westl. vom Neuen Palais und in dessen Achse symmetrisch angeordnet. Hauptakzent sind die östl. Kopfbauten der beiden 3geschossigen Gebäude mit doppelläufiger geschwungener Freitreppe, einer offenen Säulenhalle mit giebelbekröntem Portikus und einer Kuppel. Zwischen den Gebäuden eine Säulenkolonnade im Halbkreis nach W, ein Triumphbogen in der Mitte, die Seitenaufgänge mit Obelisken auf hohen Postamenten. Neigung zum Klassizismus drückt sich vornehmlich an den O-Fassaden der Kopfbauten aus. Der plastische Schmuck von Gebr. Räntz, J. C. Wohler, J. Eckstein, J. Kaplunger u.a. [C3]

POTSDAM-SANSSOUCI. – Freundschaftstempel [305]. Von K. v. Gontard als Pendant zum Antikentempel erb. 1768. Anmutiger als dieser: ein offener Rundbau, auf den 8 korinthischen Säulen aus Marmor Medaillons mit den Bildern berühmter antiker Freundschaftspaare, die Inschriften griechisch: Orest und Pylades, Euryales und Nisos, Herkules und Philoktet, Theseus und Peirithoos. Innen als Sitzfigur die Lieblingsschwester Friedrichs II., Wilhelmine von Bayreuth, in Marmor von den Gebr. Räntz 1772. [C3]

POTSDAM-SANSSOUCI. – Chinesisches Teehaus [306, 307]. Erb. 1754 bis 1757 von J. G. Büring. Der Bau ist eines der bekanntesten Beispiele für die Mode der Chinoiserie im 18. Jh. Unmittelbares Vorbild war der von E. Héré um 1745 erb. Pavillon in Lunéville. Das Exotische hier nur äußerlich und gegenständlich übernommen, der Stil noch ganz dem Naturalismus des Rokoko verbunden, bes. bei den von J. P. Benckert und G. Heymüller geschaffenen Figuren der Sockelzone und dem Mandarin auf der Laternenkuppel von B. Giese und F. Jury. [C3]

POTSDAM-SANSSOUCI. – Schloss Charlottenhof [308–310]. 1826 bis 1828 ließ Kronprinz Friedrich Wilhelm (IV.) das Schloß nach Plänen von K. F. Schinkel unter Leitung von dessen Schüler L. Persius bauen. Die Anregung, es einem antiken Landsitz nachzubilden, gab ein 1809 erschienenes Stichwerk der französischen Architekten Ch. Percier und P. F. L. Fontaine. Das Gebäude von vornehm schlichter Gestalt und ausgewogenen Proportionen. Der risalitartige Mittelbau, der das ✶ *Vestibül,* die 2läufige Treppe und den Speisesaal aufnimmt, öffnet sich als dorischer Portikus zur Gartenterrasse, die mit dem Laubengang, dem Teich und der Pergola wesentlich zu dem anmutig arkadischen Charakter des Ganzen inmitten des von P. J. Lenné gestalteten Landschaftsparkes beiträgt. Das Innere ist in gediegenem bürgerlichem Klassizismus gehalten; das 1835–1840 von A. v. Humboldt bewohnte ✶ *Zimmer* in Anspielung auf seine Weltreisen einem Zeltinneren ähnelnd. [C3]

POTSDAM-SANSSOUCI. – Römische Bäder [311]. Von L. Persius erb. 1829 bis 1836. Die Anlage besteht aus mehreren Bauten: dem Gärtnerhaus im italienischen Villenstil, dem Römischen Bad mit Arkadenhalle, dem Gehilfenhaus und einem Pavillon nach Art eines Prostylos-Tempels. Inmitten der von P. J. Lenné gestalteten landschaftlichen Idylle, die sich in dem Wasser des Teiches spiegelt, bietet die zwanglose malerische Gruppierung der einzelnen Bauten ein überzeugendes Beispiel für das Ineinandergreifen von Klassizismus und Romantik. [C3]

POTSDAM-SANSSOUCI. – Orangerie [312]. Die Orangerie, ein Künstlertraum Friedrich Wilhelms IV. und Ausdruck deutscher Italiensehnsucht, nach Plänen von L. Persius ausgeführt von A. Stüler und L. Hesse 1851–1857. Ein Konglomerat von Anlehnungen an italienische Ren.-Bauten, z. B. die Villa Medici in Rom (Türme), die Villa d'Este in Tivoli (Terrassen) und die Uffizien in Florenz. Die Fassadenplastiken von Schülern C. D. Rauchs. Unterhalb der Orangerie-Terrassen die sog. Jubiläumsterrasse 1913. [C3]

POTSDAM-SANSSOUCI. – Friedenskirche [313, 314]. Nach einer Idee Friedrich Wilhelms IV. entworfen von L. Persius und erb. von L. Hesse und F. v. Arnim 1845–1854. Als Vorbild diente die altchristliche Basilika S. Clemente in Rom, für den von der Kirche getrennten Glockenturm der Campanile von S. Maria in Cosmedin in Rom. Das Apsismosaik überführt aus der A. 12. Jh. erb. Kirche S. Cipriano auf Murano bei Venedig. [C3]

PRENZLAU. – Marienkirche [315]. Bald nach der 1235 erfolgten Verleihung des Stadtrechtes als Hauptpfarrkirche beg. Urspr. 3jochige Hallenkirche aus Backstein mit Qsch., 2jochigem Rechteckchor und einem aus behauenen Granitquadern erb., für 2 Türme konzipierter W-Turmriegel mit abgetrepptem Gewändeportal und großem Rundfenster in der W-Wand. 1325–1340 erfolgte der Umbau zur 3schiffigen Hallenkirche von 7 Joch Länge mit 3 flachen polygonal geschlossenen Apsiden im O und übereckgestellten kreuzförmigen Bündelpfeilern, die Kreuzrippengewölbe trugen. Die von schlanken Spitzbogenfenstern mit Maßwerk und aufwendig verzierten Portalen durchbrochenen

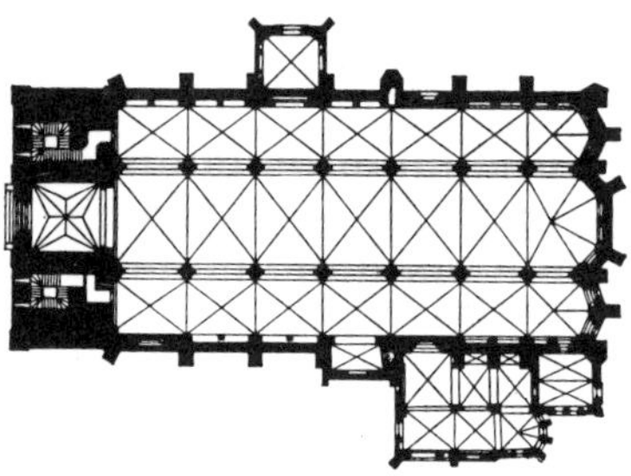

Längsmauern und Apsiden werden von abgestuften Strebepfeilern gestützt, das Hauptgesims wird von Fialen mit dazwischengelegenen Wimpergen überragt. Im Inneren eine Sockelzone mit Spitzbogenblenden, darüber ein Umgang. Noch vor 1350 entstand nach dem Vorbild der Neubrandenburger Marienkirche der * *O-Giebel*, ein außerordentlich reich mit vorgeblendeten Wimpergen und differenziertem Maßwerk ausgestalteter Schaugiebel, gemauert aus roten und schwarz glasierten Steinen. Der W-Turmriegel des Vorgängerbaus wurde in der 2. H. 14. Jh. um 3 Backsteingeschosse mit Spitzbogenfenstern und -blenden erhöht, die wiederum 2 Türme ausbildeten. Vom E. 14. Jh. und A. 15. Jh. stammen die mit reich ornamentierten Pfeilergiebeln in der Art H. Brunsbergs ausgestatteten Vorhallen und die Christophoruskapelle sowie die 2schiffige Margaretenkapelle an der S-Seite. Die beiden mittelalterlichen Turmhelme 1638 und 1738 zerstört und durch Satteldächer mit Giebeln ersetzt. Die Kirche 1945 bis auf die Umfassungswände ausgebrannt, das Äußere wiederhergestellt bis E. der 80er Jahre. Rest. des Inneren weitgehend abgeschlossen, ohne Gewölbe mit offenem Dachstuhl, Nutzung für Konzerte und vorwiegend kirchliche Veranstaltungen, die S-Kapelle Museum. [D1]

RATHENOW. – Pfarrkirche St. Marien und Andreas [316–319]. In der 1216 erstmals erwähnten Stadt wurde A. 13. Jh. die erste Kirche erb., eine kreuzförmige Pfeilerbasilika, von der die Giebelseiten und die mit halbrunden Apsiden besetzten O-Seiten des QSch. in den Erweiterungsbau des 15./16. Jh. übernommen wurden. Dieser beg. mit dem Hallenumgangschor und je einer Kapelle im S und N, voll. 1517–1562 mit dem Umbau der rom. Basilika zur Halle in der Breite des ehem. QSch. Am Umbau tätig der inschriftlich genannte Meister A. Lindemann. Der schon 1727 teilweise niedergelegte W-Turm wurde 1824–1828 von Grund auf neu und weniger aufwendig errichtet als nach K. F. Schinkels Entwurf von 1821. – Die Kirche 1945 ausgebrannt und danach behelfsmäßig rest., der Chor noch Ruine. – Von der urspr. Ausstattung ist u. a. erh. ein kostbarer spätrom. * *Kelch* mit Patene, wohl aus einer niedersächsischen Goldschmiedewerkstatt um 1260. Auf der halbkugelförmigen Kuppa 4 gravierte Rundschilde mit alttestamentlichen Szenen, auf dem Fuß 4 flach reliefierte Medaillons neutestamentlichen Inhalts, in die Patene eingraviert die Darstellung der Trinität. Der urspr. ∗ *Hauptaltar* enthält im Mittelschrein die Schnitzfiguren der Maria und von 4 weiblichen Heiligen, um 1380 von einem viell. im magdeburgischen oder halberstädtischen Raume tätigen Meister. Die Malerei auf den Flügeln ist von anderer Hand. Ihre stilistische Verwandtschaft mit der Predella vom sog. Böhmischen Altar des Brandenburger Domes reiht sie in den böhmisch beeinflußten Kunstkreis ein. Der Altar rest., die Fassung der Figuren 1958. [B2]

RAVENSBRÜCK. – MAHN- UND GEDENKSTÄTTE [320]. Ravensbrück wurde 1938 als größtes Frauenkonzentrationslager in Deutschland eingerichtet. Von 132000 Häftlingen aus mehr als 20 Nationen erlebten 40000 die Befreiung durch die Rote Armee am 30. April 1945. Südl. des Lagers, von dem u. a. der sog. Zellenbau und das ehem. Krematorium erhalten sind, wurde 1955–1959 von dem Architektenkollektiv Buchenwald das Gelände zwischen der Lagermauer und dem Schwedtsee zur Stätte der Ehrung gestaltet. Die Stele am Zugang trägt Worte von Anna Seghers. Vor der hohen Lagermauer, die die Namen der Nationen nennt, aus denen die Häftlinge kamen, liegt das Reihengrab der bei der Befreiung vorgefundenen Toten. Am See entlang, in den die Asche der Ermordeten geworfen worden war, führen steinerne Stufen zu einer ins Wasser gebauten Plattform. In ihrer Mitte steht auf hohem Sockel ein ∗ *Bronzebild* zweier Häftlinge, Sinnbild des Leides und zugleich des Widerstandes, von W. Lammert. An der Wegabzweigung vom Ort zum Lager eine Figurengruppe von F. Cremer. [C1]

RHEINSBERG. – SCHLOSS [321 bis 323]. Den Kern bildet ein 1566 erbautes Ren.-Wasserschloß, das Kronprinz Friedrich (II.) 1734–1740 von J. G. Kemmeter und G. W. v. Knobelsdorff weitgehend umgestalten ließ. Der Bau ist eine symmetrische Dreiflügelanlage, deren Hof auf der Garten- und Wasserseite von einer Säulenkolonnade abgegrenzt wird. Der Rundturm am W-Ende des südl. Seitenflügels stammt noch von dem Ren.-Bau, der vom nördl. Flügel wurde symme-

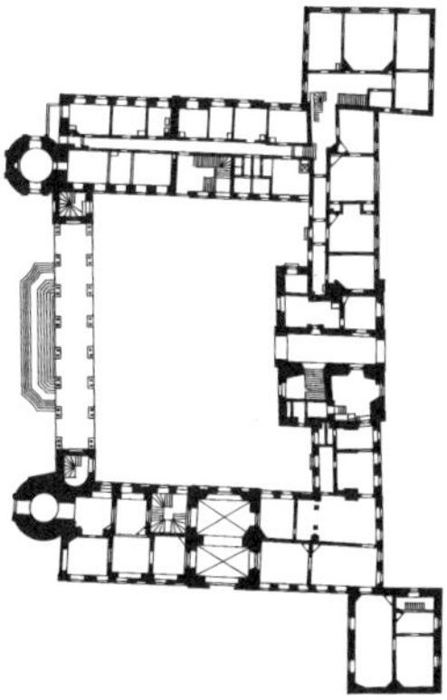

trisch zu ihm neu erb. Der Mittelrisalit und die Eckpavillons des Hauptflügels, um ein Mezzaningeschoß erhöht, sind Erweiterungen von 1786 unter Prinz Heinrich. Die Figuren auf der Attika und unter der Kolonnade von J. G. Glume. – Von der Innenausstattung der 30er Jahre ist nur ein Teil erhalten, durchweg im Obergeschoß. Die ∗ *Deckengemälde* im Vorzimmer zum Konzertsaal, im Konzertsaal selber, in 2 Kabinetten und im Rittersaal sämtlich von A. Pesne, die Rokoko-Ornamente und Reliefs auf den Türen von J. G. Glume. Die Gemächer des Prinzen Heinrich 1760–1769 nach Angaben von C. G. Langhans: Muschelsaal, Schlafzimmer, Speisezimmer und Bibliothek mit frühklassizistischem Dekor. – Der Marstall gegenüber dem Mittelflügel von G. W. v. Knobelsdorff, 1764 umgebaut und z. T. modern verändert. Das Kavalierhaus nördl. vom Schloß in mehreren Bauabschnitten 1738–1774 zur Dreiflügelanlage erweitert, der Theatersaal 1945 zerstört. – Der Schloßpark wurde seit 1734 durch Knobelsdorff und Sello angelegt, das geometrische Hauptparterre zum See hin, die Hauptallee auf die Mitte des S-Flügels gerichtet. Das Portal am S-Ende ist die ältere Ausführung des von Knobelsdorff noch einmal wiederholten Hauptportals im Park von Sanssouci. – Das Schloß wird z. Z. rekonstruiert. Hauptrest. des Parkes in den 80er Jahren. [C1]

ROSSOW. – Dorfkirche [324]. In der schlichten Saalkirche befindet sich ein ✶*Altar,* der nicht nur wegen seiner Größe, sondern auch wegen der außerordentlichen künstlerischen Qualität als nicht hierher gehörig gilt. Anläßlich seiner Rest. 1961–1965 konnte mit ziemlicher Gewißheit festgestellt werden, daß es sich um den 1330 gew. Hochaltar des Havelberger Domes handelt. Nach Rossow gelangte er im 17. Jh. Im Mittelteil des Schreines, der 2zonig gegliedert ist, oben die Marienkrönung, unten die Kreuzigung, seitlich in Tabernakeln jeweils zu dritt die 12 Apostel, die Fassung aus der Entstehungszeit vorzüglich. Ohne entwicklungsgeschichtlichen Zusammenhang mit der Bildnerei in der Mark, dürfte es ein importiertes Werk sein, viell. aus Köln. Die Innenseiten der Flügel bis auf Reste zerstört, die Außenseiten bei der Neuweihe 1411 von einem magdeburgisch-altmärkischen Meister mit Heiligenfiguren übermalt. – Wandmalereien an der östl. Wand und den Längsseiten 1. D. 16. Jh. [B1]

SACHSENHAUSEN. – Mahn- und Gedenkstätte [325]. In dem 1936 eingerichteten Konzentrationslager befanden sich bis zur Befreiung durch die Rote Armee am 22. April 1945 mehr als 200 000 Gefangene, von denen ungezählte ermordet wurden. Auf dem großen Geländedreieck des Lagers entstand 1958–1961 die Gedenkstätte, deren Platz- und Baugruppenordnung sich bes. eindrucksvoll mit der erhaltenen originalen Substanz durchdringt. Entwurf vom Architektenkollektiv Buchenwald. Die größtenteils erhaltene Lagermauer wurde vollständig wiederhergestellt. Durch das ehem. Torgebäude führt der Weg zu dem halbkreisförmigen Appellplatz. Die urspr. radial geordneten Baracken sind angedeutet durch das Abbild ihrer Giebel in einer von Kreuzen durchbrochenen Mauer. An der Stelle des zerstörten Krematoriums befindet sich die Ehrenhalle mit einer Figurengruppe von W. Grzimek. Vor dem 3seitigen ✶*Obelisken* eine weitere Figurengruppe von R. Graetz. [C2]

STOLZENHAIN. – Dorfkirche [326, 327]. Das um 1480 gemalte ✶*Altartriptychon* stammt aus der Werkstatt des niederrheinisch-westfälischen Meisters D. Baegert. Der Mittelteil mit der Darstellung des hl. Lukas, der die Madonna malt, zeigt motivisch und gestalterisch die unmittelbare Einwirkung des Niederländers R. v. d. Weyden. [C4]

STRAUPITZ. – Dorfkirche [328, 329]. Anstelle eines Baues von 1658 ließ C. H. F. v. Houwald 1828 bis 1832 eine klassizistische Kirche nach einem bei der Ausführung veränderten Entwurf von K. F. Schinkel bauen. Die 5 Altarbilder von dem Dresdener Historienmaler J. F. Matthäi gehören zur urspr. Ausstattung, jetzt in Nebenräumen. [D4]

TEMPLIN. – Rathaus [330]. Um 1750 als Nachfolgebau des beim großen Stadtbrand 1735 zerstörten alten Rathauses nach Plänen des Berliner Bauinspektors K. S. Schmidt erb. Das freistehende rechteckige Gebäude mit den auf allen 4 Seiten architektonisch hervorgehobenen 3 mittleren Achsen, flachem Zeltdach und einem dachreiterartigen Türmchen mit bekrönendem brandenburgischem Adler ist ein typischer Bau des preußischen Frühklassizismus. 1944 zu einem Drittel zerstört, wurde das Rathaus 1963–1966 rest. [C1]

TREMMEN. – Dorfkirche [331]. Bereits 1161 wird die Kirche als dem Brandenburger Domkapitel gehörig erwähnt. Ob und in welchem Ausmaß ihre Fundamente für den spätgot. Neubau verwendet wurden, ist nicht bekannt. Jedenfalls ist der Standort der beiden Türme seitlich vom 2. westl. Joch der 5jochigen Saalkirche aus der 1. H. 15. Jh. für märkische Verhältnisse so ungewöhnlich, daß sich der untergegangene Bau als kleine kreuzförmige Kapelle rekonstruieren ließe. Die ✱ *W-Fassade* hat als einziges Beispiel märkischer Dorfkirchen eine Außenkanzel über dem mittleren Strebepfeiler. Die 3 wenig jüngeren O-Joche schließen flach mit einem Giebel, in dem die Blenden mit zierlichen Rosetten geschmückt sind. In der Kapelle des S-Turmes Reste von Wandmalereien 1. D. 15. Jh. Die Zwiebelhelme auf den Türmen von 1724, nach dem Brand von 1794 in alter Form 1800–1802 erneuert. [B3]

TREUENBRIETZEN. – Pfarrkirche St. Marien [332, 333]. Als Mittelpunkt eines 1217 erwähnten Pfarrsprengels erb. im 2. V. 13. Jh. Kreuzförmige Pfeilerbasilika im gebundenen System. Die für märkische Pfarrkirchen ungewöhnlich reiche Gliederung der O-Teile mit Hauptchor und 2 Nebenchören, ehem. jeweils in Rundapsiden schließend, deutet gleich der sorgfältigen Quadertechnik an den Chören und dem QSch. auf Verwandtschaft mit der Klosterkirche Zinna. Die Fenstergliederung der ✱ *Hauptapsis,* die Zierfriese und Blendenrosetten der QSch.-Giebel nach Lehniner Vorbild. Das ✱ *Lhs.* und der um 1500 erb. W- Turm in Backstein. Verlust des nördl. Nebenchores und der S-Apsis um 1720. Altar und Kanzel 1740/41. Bei der Restauration 1959 ff. wurden die Empore von 1855 beseitigt, die im 18. Jh. korbbogig umgestalteten Fenster im Obergaden auf die ursprüngliche Form zurückgeführt und die Bemalung der Rippen aus spätrom. Zeit freigelegt, im MSch. und QSch. Rot, Weiß und Schwarz, im südl. SSch. geometrische Muster, im nördl. SSch. Marmorierung. Fragmente einer Rankenmalerei um 1500 im Vierungsgewölbe. Die unverputzten Wände im Lhs. rot bemalt mit Fugenstrich. [B4]

TREUENBRIETZEN. – Pfarrkirche St. Nikolai [334]. Die kreuzförmige Pfeilerbasilika im gebundenen System beg. 1230–1240 von derselben Bauhütte, die das Lhs. der Treuen-

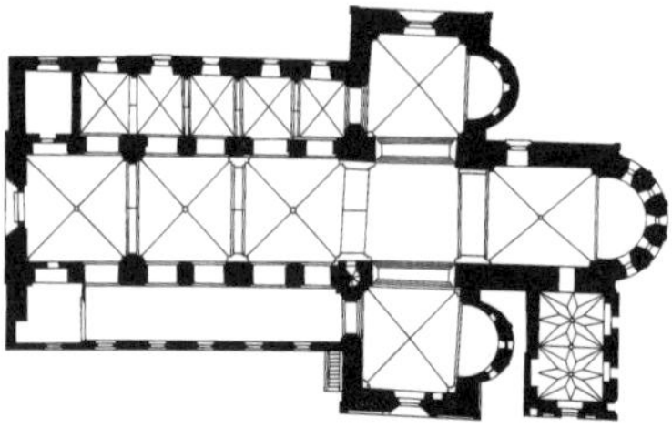

brietzener Marienkirche errichtete. Die noch rom. ✳ *Rundapsiden* am Chor und QSch. zeigen jedoch in der Flächengliederung, der Bauornamentik und den Fenstern bereits got. Formenelemente, die konsequent bei der Gestaltung der Giebel weitergeführt werden. Der quadratische Vierungsturm ist das einzige erhaltene märkische Beispiel dieser Art, sein Aufbau von 1776. Das einheitliche System der kräftigen Wanddienste und Pfeilervorlagen sowie der Wölbung in den O-Teilen, dem MSch. und nördl. SSch. machen den Bau zu einem der wertvollsten Werke im sog. Übergangsstil. Die Mißhandlung des Inneren durch Aufschüttung und Emporeneinbauten und die bar. Deformierung der Fenster wurde durch die Rest. seit 1969 weitgehend beseitigt. Dabei Freilegung der urspr. Fassung, u. a. der Gewölbemalerei in der Hauptapsis mit einer Darstellung des Weltenrichters mit Maria und Johannes, 1. V. 15. Jh. An der S-Seite des Chores die inschriftlich 1519 erb. Sakristei mit Sterngewölben über 2 Jochen. [B4]

VIETMANNSDORF. – DORFKIRCHE [335]. Das aus Feldsteinen erb. Kirchenschiff ist stark entstellt, der gerade geschlossene Chor blieb indessen erhalten. – Von einem Altarretabel aus dem A. 14. Jh. stammt das aus Eichenholz geschnitzte Predellenrelief (?) mit 3 Passionsszenen – Geißelung, ✳ *Kreuzigungsgruppe,* Auferstehung Christi – aus der Werkstatt eines wahrscheinlich niedersächsischen Meisters. [C2]

WIEPERSDORF. – HERRENHAUS [336]. Als Nachfolger eines festen Hauses aus der 1. H. 16. Jh. entstand 1731–1738 ein schlichter 2geschossiger Bar.-Bau, der um 1760 durch Nebengebäude erweitert wurde. Der Historienmaler A. v. Arnim, ein Enkel des Dichterpaares Achim und Bettina, ließ um 1880 die Gartenfassade verändern, die Orangerie bauen und bar. Sandsteinfiguren im Park aufstellen. Von ihm auch die Ausstattung seines Ateliers in altdeutscher Manier. Das 1958 rest. Haus untersteht heute der Stiftung Kulturfond und beherbergt das Künstlerheim »Bettina von Arnim«. [C4]

WIESENBURG. – SCHLOSS [337, 338]. Den Ursprung bildet eine mittelalterliche Burg, die 1547 durch Brand zerstört wurde. Erhalten ist davon der runde Bergfried neben der Brücke und dem ✳ *Einfahrtstor.* Nach 1550 Neubau einer unregelmäßigen 2geschossigen Vierflügelanlage mit malerischem Hof. Mehrere Sandsteinportale, eines dat. 1574, und ein ✳ *Ren.-Brunnen.* Bei der Rest. 1864 wurde der Bau verändert, u. a. durch eine aufwendige Terrassenanlage vor der Gartenfront. [B4]

WILMERSDORF. – DORFKIRCHE [339]. In der spätrom. 4teiligen Granitquaderkirche aus der 1. H. 13. Jh. befindet sich ein bisher unbeachtetes kleines Holzbildwerk, das die ✳ *Anna selbdritt* darstellt, entstanden um 1520, von unbekannter Provenienz. Die bar. Übermalung in Weiß und Gold ist jüngst wiederholt worden. [D3]

WILSNACK. – Wallfahrtskirche St. Nikolai [340–344]. 1383 gab ein vermeintliches Hostienwunder beim Brand der Dorfkirche den Anlaß zum Bau einer geräumigen Wallfahrtskirche. Dieser Neubau gehört zum Kreis der in der Nachfolge der Lüneburger Johanneskirche stehenden Hallenkirchen. 1384 beg., entstanden bis um 1400 der 2jochige ✳ *Chor* mit polygonalem O-Schluß, das QSch. mit 2gesch. Anbauten im O und die Längswände des 3schiffigen Hallen-Lhs. bis zur Höhe der Fenstersohlbänke. Gleichzeitig wurde wohl auch der durch die Strebepfeiler hindurchgeführte kreuzgewölbte Gang an der Außenseite des Chores erb. (jetzt weitgehend zerstört). Über dem in Rundbogennischen aufgelösten Sockelgeschoß liegen schlanke 3teilige Spitzbogenfenster; im QSch. und über den Emporen 5- oder 7teilige Fenster. Die Kreuzrippengewölbe im Chor mit Sandsteinkapitellen, in Höhe der Fenstersohlbänke Stuckfiguren. Im QSch. mächtige, mit Diensten besetzte Vierungspfeiler, von denen die beiden westl. die Grenze zum 2. Bauabschnitt bilden. In der 1. H. 15. Jh. entstand das Hallen-Lhs. mit überhöhtem MSch.

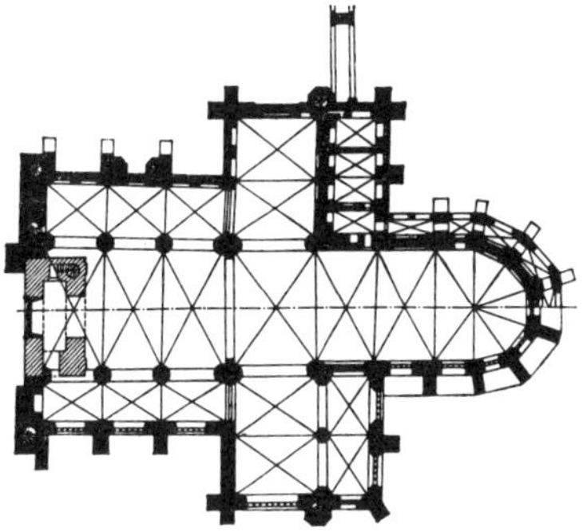

Die 4 Pfeiler im Lhs. sind unverputzt und reich belebt mit Taustäben, Stabwerk und Wimpergen. Zum Abbau des querrechteckigen W-Turmes vom Vorgängerbau kam es nicht mehr, so daß er das westl. MSch.-Joch verstellt und seine Fassade in der turmlosen Giebelfront des Neubaus gänzlich erhalten blieb. Die überlieferte ✳ *W-Fassade* aus der M. 15. Jh. mit 2pfortigem Sandsteinportal, dessen spitzbogiges Tympanon Baldachine, aber keine Figuren trägt. Der schöne gegliederte W-Giebel und der Dachreiter mit spitzer Haube kamen in der 2. H. 16. Jh. hinzu. – Am 2. N-Pfeiler des Lhs. steht in einer gerahmten Nische die lebensgroße ✳ *Sandsteinfigur* des Havelberger Bischofs Johann von Wöpelitz, der den Neubau der Kirche wesentlich förderte. Das porträtähnliche farbig gefaßte Standbild ist ein bedeutendes Zeugnis der Großplastik um 1400, stilistisch verwandt der Madonnenfigur an der Chorschranke des Havelberger Doms. – Der aus Sandstein gearbeitete, ausdrucksstarke ✳ *Kopf mit Dornenkrone* gehört zu einer verschollenen lebensgroßen Christusfigur vom A. 15. Jh. – Die Reste der im 2. D. 15. Jh. entstandenen, vorwiegend figürlichen Glasmalerei vereinen Elemente der Lübecker Glasmalerei und der des Stendaler Doms; 1887 umfassend rest. und in den östl. Chorfenstern neu zusammengestellt. Im Fenster der nördl. QSch.-Wand brabantische Scheiben mit Wappen. Die ✳ *Medaillonscheiben* im NO-Fenster zeigen 2 Szenen aus dem Martyrium des hl. Erasmus. – Auf den Türen des Wunderblutschreins aus der 2. H. 15. Jh. in der Wunderblutkapelle ist die Gregorsmesse dargestellt, im Zwickel darüber die von 2 Engeln getragene Wunderblutmonstranz. [A 2]

WITTSTOCK. – PFARRKIRCHE ST. MARIEN [345–352]. Die Stadt verdankte ihre künstlerische Förderung dem Vorzug, seit dem 13. Jh. Residenz der Havelberger Bischöfe zu sein. Das bedeutendste Bauwerk ist die nach der Stadtgründung von 1248 beg. Pfarrkirche. Es ist eine 3schiffige got. ✱*Halle*, deren 4 westl. Lhs.-Joche und der breite, urspr. mit erhöhtem Mittelteil versehene W-Turm noch zum 1. Bau gehören. 1451 wurde der durch Grabungen nachgewiesene 1schiffige Chor mit polygonaler Apsis zu einer 5jochigen Halle mit geradem O-Abschluß erweitert, wobei die 3 östl. Schmaljoche urspr. offenbar als Chorumgang fungierten. Die der hl. Maria geweihte N-Kapelle wurde 1484, die ebenfalls 2geschossige S-Kapelle mit 5staffeligen Zwillingsgiebeln 1498 erb. Nach dem Brand von 1495 Erneuerung der Gewölbe, Angleichung der älteren Pfeiler

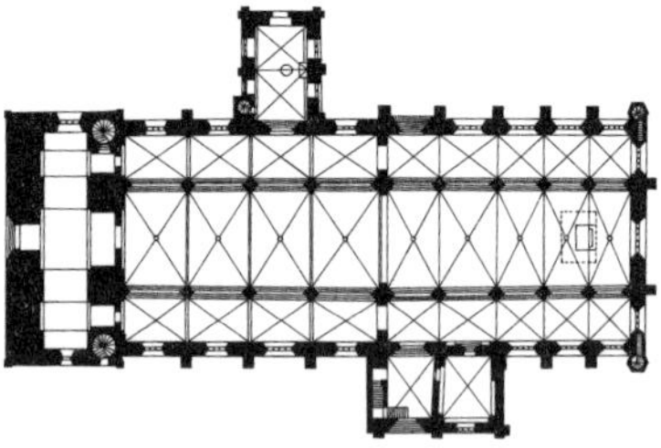

an die aus der 2. H. 15. Jh. und veränderter Turmabschluß durch Chr. v. Lüneburg, 1512–1519. Die jetzige Turmhaube 1704. Die Portalgewände des 2. Bauabschnittes sind durch reliefierte Tonplatten handwerklicher Qualität bereichert. – Der ✱*Hauptaltar* besteht aus 2 aufeinandergesetzten Schreinen. Der obere mit der Madonna auf der Mondsichel könnte urspr. zu der Marienkapelle von 1484 gehört haben. Der untere mit dem Hauptthema der Marienkrönung ist das Werk eines Schülers von C. Berg, dessen Güstrower Domapostel zum Vorbild für die Figuren in den Seitenflügeln dienten, um 1535. Von besonderem Wert ist das im Märkischen Museum in Berlin befindliche ✱*Standbild* eines Bischofs, 2. D. 14. Jh., niederdeutsch. Die Sandsteinfigur einer ✱*Madonna* scheint ein Werk des Havelberger Lettner-Meisters zu sein, gegen 1400, urspr. viell. zu dem Figurenzyklus der von Bischof J. v. Wöpelitz 1389 auf der Burg erb. Marienkapelle gehörig. Die von dem Christusknaben zum Leben erweckte Tontaube, ein apokryphisches Motiv, ist ebenso vereinzelt wie der merkwürdig reiche Kopfschmuck der Madonna. Das auf einer gewirtelten Säule stehende ✱ *Sakramentshäuschen* aus Eichenholz zeigt in den Tympana der ineinandergesteckten Kielbögen die Engel mit den Leidenswerkzeugen, dat. 1516. Die Kanzel von 1608 ist 1674 und 1846 umgebaut worden. Die geschnitzte ✱ *Taufe* ist eine Arbeit im sog. Knorpelstil und stammt aus dem 1. V. 17. Jh. [B1]

WITTSTOCK. – GRÖPER TOR [353]. Der quadratische Turm erb. M. 15. Jh. Über dem Durchfahrtsgeschoß auf der Feld- und der ✱*Stadtseite* je 5 Blenden, die 3 mittleren erhöht. Die urspr. Staffelgiebel mit Satteldach vermutlich 1503 aufgegeben zugunsten des überlieferten Horizontalabschlusses. Das Zeltdach mit dem oberen Gitterfries wurde im 19. Jh. errichtet. [B1]

WULFERSDORF. – DORFKIRCHE [354]. Der aus Granitsteinen und Ziegeln erb. Saal hat als besonderen Schmuck einen reich gegliederten ✱*Staffelgiebel*, ähnlich dem in Alt Krüssow und Falkenhagen nach dem Vorbild des W-Giebels der Heilig-Grab-Kapelle in Heiligengrabe. A. 16.Jh. [B1]

WUSTERHAUSEN. – Pfarrkirche St. Peter und Paul [355]. Der stattliche Bau hat infolge der Übernahme von Resten zweier Vorgänger einen unregelmäßigen Grundriß und eine durch die Ausstattung noch verstärkte malerische Raumwirkung. Die Einschnürung zwischen Chor und Lhs. rührt von dem 1. Bau aus Granitquadern aus M. 13.Jh. her. Diese Kirche, viell. eine kreuzförmige Pfeilerbasilika, wurde im 14.Jh. zur Breite des alten QSch. vergrößert. Der letzte Umbau im 15.Jh. wandelte das Lhs. in eine Halle um und fügte dieser einen 1474 voll., 1479 gew. Hallenumgangschor an. Die Taufkapelle auf der S-Seite mit Staffelgiebel um 1500. – Schöne geschnitzte Kanzel von 1610, aus derselben Zeit die Holzempore mit Tafelbildern in der Brüstung. Der Altar im Zopfstil, das Bild von C.B.Rode. Rest. des Inneren und von Teilen der Ausstattung 1967–1970. [B2]

ZAUE. – Dorfkirche [356]. Den got. Chor schmücken ✶ *Wandmalereien,* die in 2 Abschnitten entstanden sind. Die lebensgroßen Figuren des Paulus und Petrus zwischen den O-Fenstern zählen zu der älteren, wegen ihres melodisch weichen Gewandstils um 1420–1430 zu datierenden Gruppe. Etwas jünger sind die mehr illustrativ aufgefaßten Bilder der Heilsgeschichte auf der N- und S-Wand. [D4]

ZEHDENICK. – Zisterzienserinnenkloster [357]. Während die Baulichkeiten des 1250 gegr. Klosters bis auf unbedeutende Reste verlorengegangen sind, ist das noch im 13.Jh. entstandene ✶ *Hungertuch* aus der Klosterkirche erhalten geblieben. Neben dem Brandenburger Tuch gehört es zu den wertvollsten mittelalterlichen Textilwerken in der Mark. Die auf den Filetgrund genähten 76 8eckigen Sterne zeigen Rundbilder biblischen Inhalts in Weißstickerei mit Farbspuren. An den Längsseiten eine lateinische, auf den Sinn des Tuches verweisende Inschrift. An den Schmalseiten Büsten zwischen Arkaden. Heute befindet sich das Tuch im Märkischen Museum zu Berlin. [C2]

ZIESAR. – Burg [358–360]. Ehem. Burg der Bischöfe von Brandenburg, erb. unter Bischof Dietrich von Stechow, 3.V. 15.Jh. Von der Vorburg ist erhalten der Rundturm, E. 15.Jh., von der unregelmäßig trapezförmig angelegten Hauptburg der Bergfried mit Turmabschluß in Form der frühen Ren., um 1540, und die ✶ *Burgkapelle,* 1470 gew. Ihr Äußeres im reichen Dekorationsstil der Brunsberg-Schule. An der N- und W-Seite des Saales eine Empore über tonnengewölbten Rundbogennischen. Die vegetabilen und figürlichen Wand- und Gewölbemalereien um 1470 ziemlich vollständig erhalten, viell. von dem Meister der Turmhallenmalerei des Magdeburger Domes. Rest. 1951/52. Das ✶ *Votivrelief* in der O-Wand mit 5 lebensgroßen Heiligenfiguren dat. 1470. [B3]

CHRONOLOGIE DER ABGEBILDETEN WERKE

Romanische Architektur

Berlin-Spandau, Zitadelle. Juliusturm: ca. 1160
Brandenburg, Dom: gegr. 1165
Brandenburg, Gotthardkirche. W.-Bau: 2. H. 12. Jh.
Doberlug, ehem. Klosterkirche: 1184 bis 1. V. 13. Jh.
Lehnin, ehem. Klosterkirche: 1195 bis 1262
Brandenburg, Nikolaikirche: A. 13. Jh.
Berlin-Marienfelde, ehem. Templerordenskirche: um 1220
Treuenbrietzen, Marienkirche: 1220
Mühlberg, ehem. Klosterkirche: M. 13. Jh.
Berlin-Tempelhof, ehem. Templerordenskirche: M. 13. Jh.

Romanische Plastik und Malerei

Blankensee, Dorfkirche. Brunnenstein: 12. Jh.
Brandenburg, Dom. Evangelistar: A. 13. Jh.
Brandenburg, Dom. Kryptenkapitelle: 1210
Paretz, Dorfkirche. Rundscheibe: 1210 bis 1220. Jetzt Dommuseum Brandenburg
Gruhno, Dorfkirche. Kapitell (Taufstein): 1220
Lehnin, ehem. Klosterkirche. Kruzifix: 1230
Brandenburg, Dom. Epistolarium: um 1235
Brandenburg, Dom. Lektionarium: 1240 bis 1250
Brandenburg, Dom. Kruzifix: M. 13. Jh.
Rathenow, Pfarrkirche. Kelch: M. 13. Jh.

Gotische Architektur

Zinna, ehem. Klosterkirche: beg. um 1220
Brandenburg, Domkloster. O-Flügel: 2. V. 13. Jh.
Treuenbrietzen, Nikolaikirche: 1230/40
Wittstock, Marienkirche. 1. Bau: beg. um 1248; Umbau: 1451
Angermünde, Marienkirche. Turm: M. 13. Jh.
Frankfurt, Marienkirche: beg. M. 13. Jh.; voll. 1521/22
Belzig, Burg Eisenhardt. Bergfried: 13. Jh.; Umbau beg. 1465
Berlin-Mitte, ehem. Klosterkirche. Lhs.: um 1260; Polygon: 1400
Pechüle, Dorfkirche: 13. Jh.; Umbau: 15. Jh.
Berlin-Mitte, Marienkirche: um 1270; Neubau: nach 1380
Frankfurt, ehem. Klosterkirche. Chor: 1270–1301; Lhs.-Umbau: 1516–1525
Chorin, ehem. Klosterkirche: 1273 bis 1308–1319
Neuruppin, ehem. Klosterkirche: 1280–1300
Luckau, Nikolaikirche: Turmsockel: nach 1281; Lhs.: 1. D. 15. Jh.
Prenzlau, Marienkirche: 1325–1340; Nebenkapellen: um 1400
Frankfurt, Rathaus: beg. vor 1348; voll. gegen 1400
Gransee, Marienkirche. Lhs.: 1370; S-Kapelle: 1510/20
Wilsnack, Wallfahrtskirche: beg. 1384; voll. 1. H. 15. Jh.; W-Giebel: 2. H. 16. Jh.
Herzberg, Nikolaikirche: 2. H. 14. Jh. bis 1415
Frankfurt, Friedenskirche: 14./15. Jh.

Wittstock, Marienkirche: 14./15. Jh.; S-Anbauten: 1500
Luckau, Hausmannsturm: 14./15. Jh.
Brandenburg, Katharinenkirche: beg. 1401
Berlin-Spandau, Nikolaikirche: ca. 1410 bis 1450
Brandenburg, Mühltorturm: 1411
Brandenburg, Dom: südl. SSch.: 1426
Tremmen, Dorfkirche: 1. H. 15. Jh.
Gransee, Ruppiner Tor: 2. V. 15. Jh.
Jüterbog, Nikolaikirche: 1. V. 15. Jh. bis 1493
Wittstock, Gröper Tor: M. 15. Jh.
Cottbus, Oberkirche: 1. H. 15. Jh.; Neubau: nach 1468
Kloster Zinna, Neue Abtei: M. 15. Jh.
Brandenburg, Gotthardkirche: 1456 bis 1474
Ziesar, Burgkapelle: gew. 1470
Wusterhausen, Pfarrkirche: voll. 1474
Berlin-Mitte, ehem. Hl.-Geist-Kapelle: voll. 1476
Brandenburg, Altstädt. Rathaus: 1470 bis 1480
Jüterbog, Dammtor: 1480
Luckenwalde, Johanniskirche: 2. H. 15. Jh.
Heiligengrabe, ehem. Klosterkirche: 2. H. 15. Jh.
Bernau, Steintor: nach 1485
Wittstock, Marienkirche. S-Kapelle: 1498
Fürstenwalde, Rathaus: voll. 1511; Turm 1624
Heiligengrabe, Kapelle des Hl. Grabes: gew. 1512
Bernau, Marienkirche: voll. 1519
Alt Krüssow, Dorfkirche: gew. 1520
Wulfersdorf, Dorfkirche: um 1520
Mühlberg, Neue Probstei: um 1530
Rathenow, Pfarrkirche: 1517–1562

Gotische Plastik

Brandenburg, St. Gotthardkirche. Taufkessel, Bronze: M. 13. Jh.
Berlin, Marienkirche. Kelch: um 1270
Luckau, Nikolaikirche. Reliquienschrein: 2. H. 13. Jh.
Berlin-Spandau, Nikolaikirche. Madonna: um 1290 (Berlin, Märkisches Museum)
Eberswalde, Maria-Magdalenenkirche. Tonplastiken, W-Portal: um 1300
Lehnin, ehem. Klosterkirche. Grabplatte Ottos IV.: gest. 1303
Vietmannsdorf, Dorfkirche. Kreuzigungsgruppe: A. 14. Jh.
Brandenburg, Dom. Sitzmadonna: um 1330
Rossow, Dorfkirche. Altar: um 1330
Wittstock, Marienkirche. Bischofsfigur: 2. D. 14. Jh.
Kloster Zinna, ehem. Klosterkirche. Chorgestühl: um 1360
Frankfurt, Marienkirche. Bronzene Taufe: 1376. Jetzt Gertraudenkirche
Frankfurt, Gertraudenkirche. Bronzener Leuchter: um 1376
Frankfurt, Marienkirche. Figuren am N-Portal: 1370–1380
Rathenow, Pfarrkirche. Altarschrein: um 1370–1380
Neuzelle, Stiftskirche. Schlußsteinkopf in der Sakristei: um 1380
Neuruppin, ehem. Klosterkirche. Altar: um 1390
Wittstock, Marienkirche. Madonna: 1390–1400
Wilsnack, Wallfahrtskirche. Sandsteinfigur J. v. Wöpelitz: um 1400; Christuskopf: A. 15. Jh.
Brandenburg, Dom. Triumphkreuzgruppe: 1. V. 15. Jh.
Brandenburg, Katharinenkirche. Steinretabel: um 1430
Brandenburg, Dom. Marienaltar: um 1430

Berlin-Mitte, Marienkirche. Bronzetaufe: 1437
Brandenburg, Katharinenkirche. Bronzetaufe: 1440
Brandenburg, Dom. Leuchterengel, Bronze: 1441
Brandenburg, Dom. Grabplatte Bischof Bötticher: gest. 1459
Ziesar, Burgkapelle. Votivrelief: 1470
Brandenburg, Katharinenkirche. Hauptaltar: 1474
Brandenburg, Altstädt. Rathaus. Roland: 1474
Frankfurt, Marienkirche. Hauptaltar: 1489. Jetzt Gertraudenkirche
Neuruppin, Lazaruskapelle. Tonplatten am Portal: nach 1490
Angermünde, Marienkirche. Bronzetaufe: 15. Jh.
Jüterbog, Nikolaikirche. Sakramentshäuschen: um 1500
Jüterbog, Rathaus. Geschnitzte Tür: um 1506
Großmelen, Dorfkirche. Altäre: um 1510
Wittstock, Marienkirche. Sakramentshäuschen: 1516
Brandenburg, Dom. Hauptaltar: 1518
Gransee, Marienkirche. Hauptaltar: um 1520
Frankfurt, Gertraudenkirche. Altar: 1. V. 16. Jh.
Jüterbog, Nikolaikirche. Marienfigur: um 1525
Wilmersdorf, Dorfkirche. Anna selbdritt: 1520–1530
Wittstock, Marienkirche. Hauptaltar, Unterteil: um 1535

Gotische Malerei

Brandenburg, Dommuseum. Behang, sog. Hungertuch: um 1290
Zehdenick, ehem. Nonnenkloster. Hungertuch: 2. H. 13. Jh. Jetzt Märkisches Museum Berlin
Brandenburg, Katharinenkirche. Chorfenster: um 1340
Brandenburg, Dom. Sog. böhmischer Altar, Predella: um 1380
Pechüle, Dorfkirche. Altarretabel: um 1380
Berlin-Mitte, Stadtarchiv. Miniatur aus dem Stadtbuch: geführt 1391–1399
Herzberg, Nikolaikirche. Gewölbemalerei: 1415–1430
Brandenburg, Katharinenkirche. Wandmalerei N-Kapelle: um 1430
Jüterbog, Nikolaikirche. Tafeln des ehem. Hauptaltars: um 1430
Zaue, Dorfkirche. Fresken auf der O-Wand: um 1430
Frankendorf, Dorfkirche. Glasmalerei: um 1430
Jüterbog, Nikolaikirche. Wand- und Gewölbemalerei der Sakristei: 1447
Brandenburg, St. Gotthardkirche. Gobelin mit Einhorn-Jagd: 1463
Wilsnack, Wallfahrtskirche. Medaillonscheiben: 2. D. 15. Jh.
Kloster Zinna, Neue Abtei. Wandmalerei der Abtstube: um 1470–1480
Lehnin, ehem. Klosterkirche. Altartafel: 3. V. 15. Jh.
Brandenburg, Katharinenkirche. Flügel des Hauptaltars: 1474
Berlin-Mitte, Marienkirche. Totentanz-Zyklus: um 1480
Stolzenhain, Dorfkirche. Lukasaltar: um 1480
Luckenwalde, Johanniskirche. Pfeilergemälde: A. 16. Jh.
Jüterbog, Nikolaikirche. Altar N-Kapelle: um 1520
Bernau, Marienkirche. Hauptaltar, Flügel: um 1520
Brandenburg, Dommuseum. Sebastianaltar aus Markgrafenpieske: um 1530

Renaissance und Manierismus, Architektur

Berlin-Dahlem, Jagdschloß Grunewald: 1542
Freyenstein, Altes Schloß: 1556
Berlin-Spandau, Zitadelle: 1562–1590
Drehna, Schloß: 2. H. 16. Jh.
Ketzür, Dorfkirche. O-Anbau: 1599
Frankfurt, Rathaus. Umbau: 1607–1609
Berlin-Mitte, Ribbeck-Haus. Portal: 1624
Luckau, ehem. Georgenkapelle. Umbau: 1656 und 1697
Neuzelle, Stiftskirche. Umbau: 1658

Renaissance und Manierismus, Plastik

Wiesenburg, Schloß. Portal und Brunnen: um 1574
Kyritz, Pfarrkirche. Taufe: 3. V. 16. Jh.
Berlin-Spandau, Nikolaikirche. Hochaltar: 1581
Brandenburg, Katharinenkirche. Wandgrab von der Schulenburg: um 1610
Wusterhausen, Pfarrkirche. Kanzel: 1610
Bernau, Marienkirche. Ratsgestühl. A. 17. Jh.
Ketzür, Dorfkirche. Wandgrab Brösicke: 1611–1613
Finsterwalde, Dreifaltigkeitskirche. Kanzel: 1613–1615
Wittstock, Marienkirche. Taufe: 1. V. 17. Jh.
Brandenburg, St. Gotthardkirche. Deckel der Taufe: 1623
Cottbus, Oberkirche. Hauptaltar: 1660

Renaissance und Manierismus, Malerei

Wusterhausen, Pfarrkirche. Emporenbilder: 1. H. 17. Jh.
Neuzelle, Stiftskirche. Gewölbemalerei: 1658

Barocke Architektur

Neustadt, Pfarrkirche: 1673–1696
Luckau, Nikolaikirche. Wendeltreppe: 1673
Caputh, Schloß: 1673–1689
Berlin-Köpenick, Schloß: beg. nach 1674
Lübben, Schloß: 1682
Berlin-Köpenick, Schloßkapelle: 1682–1685
Potsdam, ehem. Marstall: 1685 und 1746
Oranienburg, Schloß: 1690–1695
Berlin-Mitte, ehem. Zeughaus: 1695–1706
Berlin-Charlottenburg, Schloß: 1695–1713
Luckau, Bürgerhaus: um 1700
Berlin-Mitte, Französische Kirche: 1701–1705; Turm: 1781–1785
Berlin-Mitte, Deutsche Kirche: 1701–1707; Turm: 1781–1785
Berlin-Mitte, Stadtschloß. Portal IV (Gebäude des ehem. Staatsrates): 1707–1713
Altdöbern, Schloß: 1717 und 1749
Berlin-Mitte, Sophienkirche. Turm: 1723–1734
Neuzelle, Kreuzkirche: 1728–1734
Neuzelle, Stiftskirche. Anbauten: 1730–1740
Wiepersdorf, ehem. Herrenhaus: 1734/35
Berlin-Kreuzberg, Kammergericht: 1734–1735
Rheinsberg, Schloß: 1734–1740
Potsdam, Holländ. Viertel: 1737–1742
Berlin-Charlottenburg, Schloß Knobelsdorff-Flügel: 1740–1747
Berlin-Mitte, Opernhaus: 1741–1743
Potsdam-Sanssouci, Schloß: 1745–1747
Potsdam-Sanssouci, Neue Kammern: 1747 und 1771–1774
Berlin-Mitte, Hedwigskirche: 1747–1773

Berlin-Mitte, Humboldt-Universität: 1748–1766
Templin, Rathaus: um 1750
Potsdam, ehem. Rathaus: 1753
Martinskirchen, Schloß: 1754–1756
Potsdam-Sanssouci, Chinesisches Teehaus: 1754–1757
Potsdam-Sanssouci, Bildergalerie: 1755–1763
Potsdam, Nauener Tor: 1755
Berlin-Mitte, Ephraim-Palais: 1761–1764
Potsdam-Sanssouci, Neues Palais: 1763–1769
Berlin-Niederschönhausen, Schloß: 1763/64
Potsdam-Sanssouci, Communs: 1756–1769
Potsdam-Sanssouci, Freundschaftstempel: 1768
Potsdam, Brandenburger Tor: 1770
Potsdam, ehem. Waisenhaus: 1771–1778
Cottbus, Schloß Branitz: 1772
Berlin-Mitte, Alte Bibliothek: 1774–1780
Berlin-Schöneberg, Königskolonnaden: 1777–1780
Frankfurt, ehem. Garnisonschule: 1778
Potsdam, Langer Stall. Kopfbau: 1781
Potsdam, Stall für Kutschpferde: 1787–1789
Potsdam, Marmorpalais: 1787–1791
Potsdam, Alte Wache: 1795–1797
Brandenburg, Wohnhaus Neustädtischer Markt 11: 4. V. 18. Jh.
Lehde, Bauernhäuser: 18. Jh.

Barocke Plastik und Malerei

Luckau, Nikolaikirche. Kanzel: 1664–1666; Orgel: 1672/73
Großkmehlen, Schloß. Stuckdecke: 4. V. 17. Jh.
Lieberose, Schloß. Stuckdecke: um 1680
Frankfurt, ehem. Junkerhaus. Stuckdecke: 1682/83
Brandenburg, Dom. Kanzel: 1691
Berlin-Mitte, ehem. Zeughaus. Hof: um 1696
Berlin-Charlottenburg, Schloß. Denkmal des Großen Kurfürsten: 1696–1708
Berlin-Mitte, Nikolaikirche. Grabmal Männlich: 1700
Berlin-Mitte, Marienkirche. Kanzel: 1703
Berlin-Charlottenburg, Schloß. Kapelle: 1704–1706
Berlin-Mitte, Dom. Sarkophag Königin Sophie Charlotte: 1705; Sarkophag König Friedrich I.: 1713
Königs Wusterhausen, Schloß (jetzt Berlin, Brüderstr. 13). Medaillon: um 1720
Neuzelle, Stiftskirche, Hochaltar: 1718; Kanzel: um 1730; Taufaltar: 1730
Neuzelle, Kreuzkirche. Kuppelmalerei: um 1734
Neuzelle, Stiftskirche. Pietàaltar: um 1740; Wandgemälde: um 1740; Monstranz: um 1740
Rheinsberg, Schloß. Deckengemälde: 1740
Berlin-Charlottenburg, Schloß. Goldene Galerie: 1740–1743
Potsdam-Sanssouci, Schloß Sanssouci. Hermenenpilaster: 1745–1747
Altdöbern, Schloß. Medaillon im Marmorsaal: 1750
Potsdam-Sanssouci, Chinesisches Teehaus. Figuren: 1754–1757
Martinskirchen, Schloß. Wand- und Deckengemälde: um 1756
Berlin-Mitte, Ermeler-Haus. Treppengeländer und Putto: um 1760
Berlin-Charlottenburg, Schloß. Chinesisches Zimmer: 1787–1791

Klassizismus

Berlin-Tiergarten, Schloß Bellevue: 1785/86
Berlin-Friedrichsfelde, Schloß: um 1786
Berlin-Mitte, Brandenburger Tor: 1788–1791; Quadriga: 1793
Berlin-Charlottenburg, Belvedere: 1788
Berlin-Mitte, Dorotheenstädt. Kirche. Wandgrab Alexander v. d. Mark: 1790 (jetzt Nationalgalerie)
Berlin-Wannsee, Schloß auf der Pfaueninsel: 1794–1797
Berlin-Wannsee, Meierei auf der Pfaueninsel: um 1795
Neuruppin, Marienkirche: 1801–1804
Berlin-Charlottenburg, Mausoleum: 1810–1812 und 1828/29
Gransee, Luisendenkmal: 1811
Paretz, Dorfkirche. Gedenktafel Königin Luise: 1811
Berlin-Charlottenburg, Mausoleum. Sarkophag der Königin Luise: 1811–1814
Berlin-Mitte, Neue Wache: 1816–1818
Neuhardenberg, Dorfkirche: voll. 1817
Neuhardenberg, Schloß. Umbau: 1817–1822
Berlin-Mitte, Schauspielhaus: 1818–1821
Berlin-Mitte, Denkmal G. v. Scharnhorst: 1819–1822
Berlin-Tegel, Schloß: 1820–1824
Berlin-Wannsee, Schloß Klein-Glienicke. Kasino: 1824
Berlin-Charlottenburg, Schinkel-Pavillon: 1824/25
Berlin-Mitte, Friedrichswerdersche Kirche: 1824–1830
Berlin-Mitte, Altes Museum: 1825–1830; Amazone: 1842; Löwenkämpfer: 1854–1856; Bronzetor: 1861
Potsdam-Sanssouci, Schloß Charlottenhof: 1826–1828
Berlin, ehem. Singakademie: 1827
Straupitz, Dorfkirche: 1828–1832
Potsdam-Sanssouci. Römische Bäder: 1829–1836
Potsdam, Nikolaikirche: 1831–1849; Tambour, Kuppel, Ecktürme: 1843–1849
Berlin-Wedding, Paulskirche: 1832–1834
Potsdam-Babelsberg, Schloß: 1834–1850
Berlin-Wannsee, Schloß Klein-Glienicke. Große Neugierde: 1835
Berlin-Mitte, Denkmal König Friedrichs II.: 1839–1851

19. Jahrhundert

Berlin-Spandau, Zitadelle. Torhaus: 1839
Berlin-Tiergarten, St. Matthäuskirche: 1844–1846
Berlin-Charlottenburg, Antiken-Museum: 1845–1859
Potsdam-Sanssouci, Friedenskirche: 1845–1854
Potsdam-Sanssouci, Orangerie: 1851–1857
Cottbus, Schloß Branitz. Grabstätte H. Fürst Pückler: um 1860
Berlin-Mitte, Neue Synagoge: 1859–1866
Berlin-Mitte, Rathaus: 1861–1868
Berlin-Mitte, Nationalgalerie: 1866–1876
Berlin-Tiergarten, Siegessäule: 1869–1873
Berlin-Wilmersdorf, Joachimsthalsches Gymnasium: 1876–1880
Berlin-Tiergarten, Reichstagsgebäude: 1884–1894
Berlin-Mitte, Neptunbrunnen: 1891
Berlin-Charlottenburg, Gedächtniskirche: 1891–1895
Berlin-Mitte, Dom: 1893–1905

20. Jahrhundert

Berlin-Mitte, Stadtgericht Berlin-Mitte: 1896–1905
Berlin-Tiergarten, Bismarck-Denkmal: 1901
Berlin-Mitte, Märkisches Museum: 1901–1907
Berlin-Mitte, ehem. Stadthaus: 1902–1911
Berlin-Zehlendorf, Wohnhaus Seefeld: 1905
Berlin-Steglitz, Wohnanlage am Fritschweg: 1907/08
Berlin-Kreuzberg, Hebbeltheater: 1907/08
Cottbus, Stadttheater: 1908
Berlin-Moabit, Turbinenfabrik der AEG: 1909
Berlin-Neukölln, Wohnhaus Kottbuser Damm: 1909/10
Berlin-Zehlendorf, Haus Perls: 1911
Berlin-Zehlendorf, Deutsches Archäologisches Institut: 1911/12
Berlin-Mitte, Volksbühne: 1913/14
Potsdam, Schloß Cecilienhof: 1913–1917
Berlin-Köpenick, Werk für Fernsehelektronik: 1914–1917
Potsdam, Einsteinturm: 1920/21
Berlin-Charlottenburg, Villa Sternefeld: 1923
Berlin-Charlottenburg, Funkturm: 1924–1926
Berlin-Tempelhof, Druckhaus Tempelhof: 1926/27
Berlin-Wilmersdorf, ehem. Universum-Kino: 1926–1928
Berlin-Zehlendorf, Siedlung »Onkel Toms Hütte«: 1926–1932
Berlin-Kreuzberg, Haus der IG Metall: 1929/30
Berlin-Charlottenburg, Haus des Rundfunks: 1929–1931
Berlin-Charlottenburg, Großsiedlung Siemensstadt: 1929–1931
Berlin-Tiergarten, Shell-Haus: 1930–1932
Berlin-Wilmersdorf, Ev. Kirche am Hohenzollernplatz: 1930–1933
Berlin-Mitte, ehem. Verwaltungsbau der Krankenkasse: 1931
Berlin-Neukölln, Hufeisensiedlung: 1925–1936
Berlin-Charlottenburg, Olympiastadion: 1934–1936
Berlin-Mitte, Hedwigskirche. Inneres: 1952–1963
Ravensbrück, Mahn- und Gedenkstätte: 1955–1959
Berlin-Tiergarten, Kongreßhalle: 1956/57
Berlin-Charlottenburg, Le-Corbusier-Haus: 1956–1958
Sachsenhausen, Mahn- und Gedenkstätte: 1958–1961
Berlin-Tiergarten, Philharmonie: 1960–1963
Berlin-Plötzensee, Kirche Maria Regina Martyrum: 1960–1963
Berlin-Charlottenburg, Gedächtniskirche: 1961–1963
Berlin-Mitte, Gebäude des ehem. Staatsrates der DDR: 1962–1964
Berlin-Charlottenburg, Europa-Center: 1963–1965
Berlin-Tiergarten, Neue Nationalgalerie: 1965–1968
Berlin, Fernsehturm: 1965–1969
Berlin-Mitte, Komische Oper: 1966/67
Berlin-Charlottenburg, Internationales Congress Centrum: 1975–1980
Berlin-Kreuzberg, Wohnblock Ritterstraße-Nord und -Süd: 1978–1988
Berlin-Kreuzberg, Wohnhaus Fraenkelufer/Admiralstraße: 1983/84
Berlin-Tiergarten, Stadtvillen an der Rauchstraße: 1984

KÜNSTLERVERZEICHNIS

Die kursiven Zahlen verweisen auf den Einleitungstext, die geradstehenden auf die Erläuterungen zu den Bildern.

FOTONACHWEIS

Anders, Jörg P., Berlin 34, 35, 60
Fotostudio Horst Urbschat, Berlin 1, 15, 17, 18, 31, 33, 37, 38, 46, 47, 48, 52, 53, 62, 64, 71, 72, 76, 85, 86, 89, 96, 97, 100, 107, 108, 110, 115
Kämper, Andreas, Berlin 68
Landesamt für Denkmalpflege Brandenburg, Berlin 190, 212, 269, 276, 344
Möller, Dieter, Berlin 43, 178, 195
Rakow, Götz, Berlin 2, 16, 51, 55, 56, 61, 67, 78, 79, 106, 111, 114, 117
Ullstein Bilderdienst, Berlin 36 (Jürgen Ritter), 42, 101 (Knud Peter Petersen)

BERLIN
DENKMALVERZEICHNIS NACH STADTBEZIRKEN

Bezirk Charlottenburg: 31–35, 37, 52, 53, 60, 67, 95, 96, 103, 105, 107, 108, 110, 111, 117

Bezirk Köpenick: 20–22, 87

Bezirk Kreuzberg: 38, 77, 89, 99, 118, 120

Bezirk Lichtenberg: 43

Bezirk Mitte: 3–14, 19, 23–30, 39, 40, 44, 45, 49–51, 54, 56–59, 63, 65, 66, 68–70, 73–75, 79–84, 88, 102, 112, 113, 116

Bezirk Neukölln: 92, 104

Bezirk Pankow: 41

Bezirk Reinickendorf: 55

Bezirk Schöneberg: 42, 85

Bezirk Spandau: 15–17

Bezirk Steglitz: 90

Bezirk Tempelhof: 1, 2, 100

Bezirk Tiergarten: 36, 72, 76, 78, 86, 101, 109, 114, 115, 119

Bezirk Wedding: 64

Bezirk Wilmersdorf: 71, 98, 106

Bezirk Zehlendorf: 18, 46–48, 61, 62, 91, 93, 94, 97

ÜBERSICHTSKARTEN

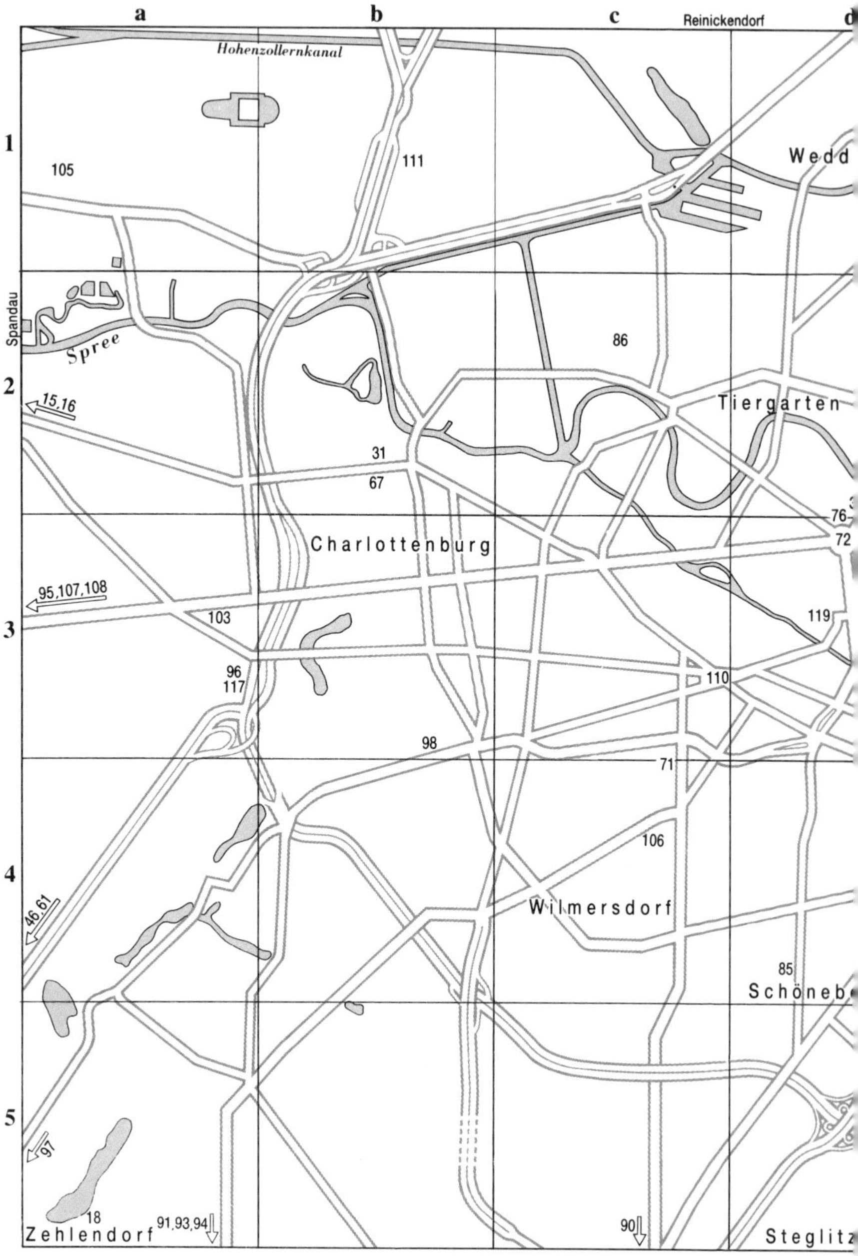

a
b
c
Reinickendorf
d
1
2
3
4
5
Hohenzollernkanal
105
111
Wedd
Spandau
Spree
86
Tiergarten
15,16
31
67
76
72
Charlottenburg
95,107,108
103
119
96
117
110
98
71
106
46,61
Wilmersdorf
85
Schöneb
97
18
Zehlendorf
91,93,94
90
Steglitz

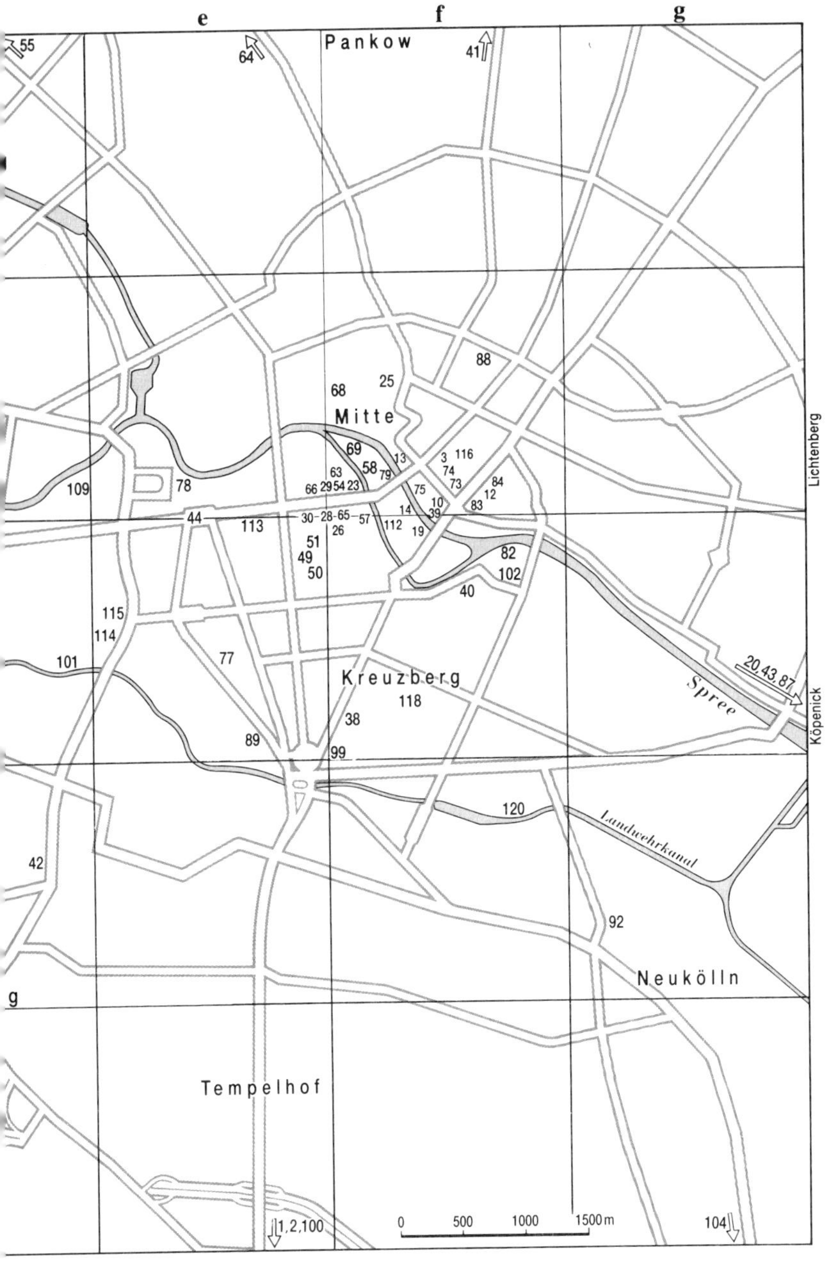
e
f
g
Pankow
55
64
41
88
25
68
Mitte
69
13
3
116
74
73
84
12
83
58
79
63
66
29
54
23
75
10
39
14
78
109
44
113
30-28-65-57
26
112
19
51
49
50
82
102
40
115
114
101
77
Kreuzberg
118
38
89
99
120
Landwehrkanal
Spree
20,43,87
Lichtenberg
Köpenick
42
92
Neukölln
g
Tempelhof
1,2,100
0
500
1000
1500 m
104

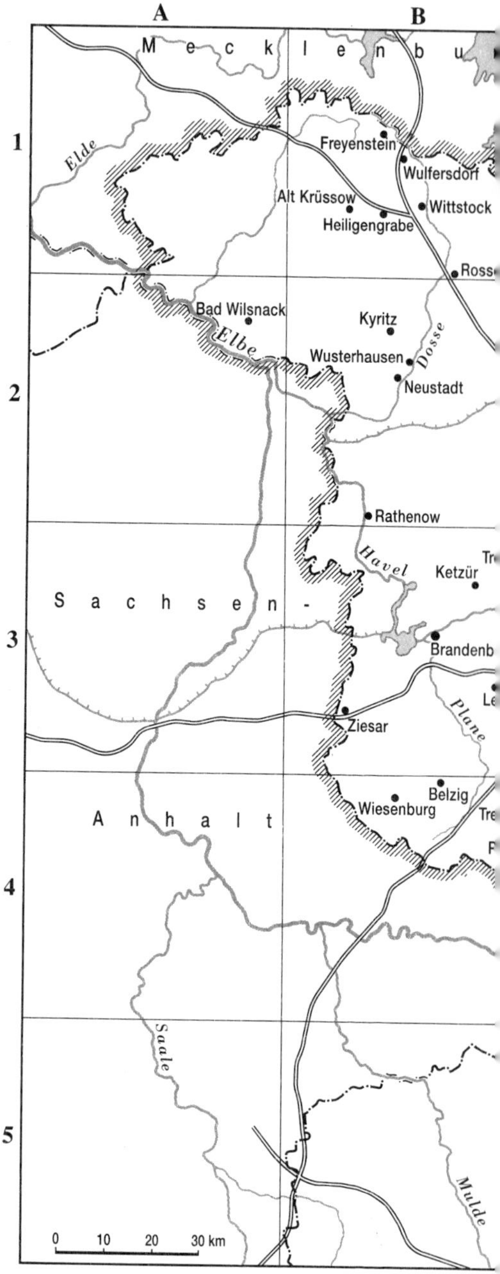
A
B
1
2
3
4
5
M e c k l e n b u
Elde
Freyenstein
Wulfersdorf
Alt Krüssow
Wittstock
Heiligengrabe
Bad Wilsnack
Kyritz
Elbe
Dosse
Wusterhausen
Neustadt
Rathenow
Havel
Ketzür
S a c h s e n -
Brandenb
Plane
Ziesar
Belzig
Wiesenburg
A n h a l t
Saale
Mulde
0 10 20 30 km

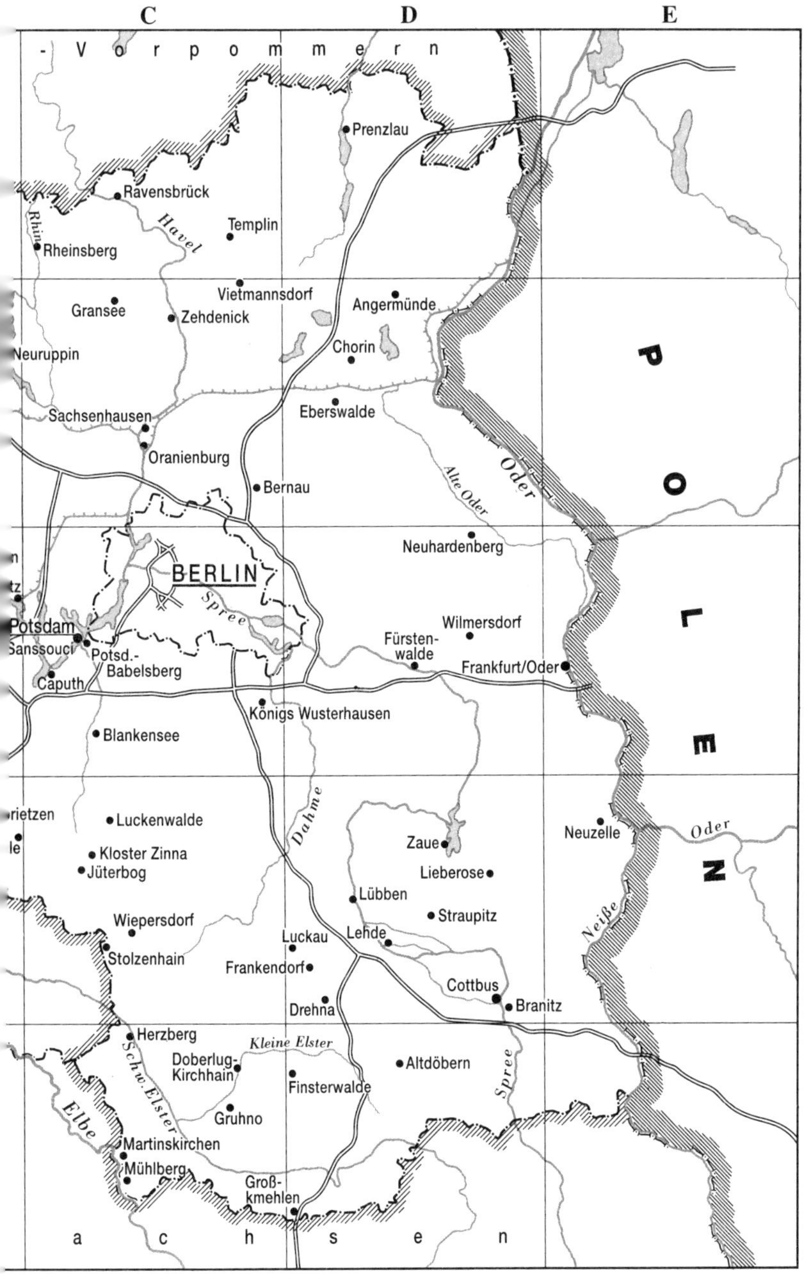
C
D
E
-Vorpommern
Prenzlau
Ravensbrück
Templin
Rhin
Rheinsberg
Havel
Vietmannsdorf
Angermünde
Gransee
Zehdenick
Neuruppin
Chorin
P
Eberswalde
Sachsenhausen
Oranienburg
Oder
Alte Oder
Bernau
O
Neuhardenberg
BERLIN
Spree
L
Potsdam
Sanssouci
Wilmersdorf
Fürsten-
walde
Potsd.-
Babelsberg
Frankfurt/Oder
Caputh
Königs Wusterhausen
Blankensee
E
Dahme
Luckenwalde
Neuzelle
Oder
Zaue
Kloster Zinna
Jüterbog
Lieberose
N
Lübben
Straupitz
Wiepersdorf
Luckau
Lehde
Neiße
Stolzenhain
Frankendorf
Cottbus
Drehna
Branitz
Herzberg
Kleine Elster
Doberlug-
Kirchhain
Altdöbern
Schw. Elster
Finsterwalde
Spree
Elbe
Gruhno
Martinskirchen
Mühlberg
Groß-
kmehlen
Sachsen